KB119020

"흑도 백도 아닌,

　　　　그 사이 무수한 색을 인정하는 것,

갈등을 껴안고 '사이에서' 생각하는 것이
그 어느 때보다 중요하지 않을까요?"

— 시리즈 창간사 중에서

온라인과 오프라인 사이에서 철학하다

글 도야 히로시   그림 불키드   옮김 이소담

온라인 과

오프라인

사이에서 철학하다

위즈덤하우스

들어가며

갑작스럽지만 질문 하나 해 볼게요. 여러분, 평소에 전철에서 뭘 하며 시간을 보내나요? 전철이 지상을 달릴 때면 바깥 풍경을 보는 사람도 있겠고, 차내 광고를 보며 요즘 뭐가 인기인지 살펴보는 사람도 있겠죠. 어쩌면 지금 전철에서 이 책을 읽고 있는 사람도 있을까요?

음, 그래도 아마 많은 사람이 SNSSocial Network Service를 이용할 것 같아요. 인스타그램Instagram이나 트위터Twitter (2023년 7월부터 X로 이름을 바꾸고 운영 중이다. ─옮긴이), 카카오톡KakaoTalk이나 라인LINE, 유튜브YouTube, 틱톡TikTok 같은 것 말이죠. 무의식중에 스마트폰 화면을 잔뜩 채우고 있는 SNS 앱 중 하나를 누르고, 문득 정신을 차릴 때까지 글과 사진, 동영상을 한참 들여다보는 사람이 대부분이지 않을까 싶어요. 이렇게 말하는 저 또한 그런 사람 중 하나입니다.

　어느덧 SNS는 우리 일상에 '당연한 존재'로 스며들었습니다. 조금 거창한 단어로 표현하자면 우리가 들어가서 사는 '세계'가 되었죠.

　그렇다면 그 세계, 즉 SNS로 이루어진 일상은 우리 인생에 어떤 의미가 있을까요? 또 그 세계에서 살아가는 우리 한 사람 한 사람은 어떤 존재일까요. 이런 질문에 대해 오프라인 세계와 온라인 세계 사이를 오가며 고찰해 보는 것이 이 책의 주제입니다.

　여기까지 읽고 SNS 사용법이나 늘어놓으려는 건가 오해하는 사람도 있겠어요. "SNS에서 모르는 사람과 함부로 친해지면 안 돼요!", "SNS에서 남을 괴롭히면 안 돼요!" 같은 뻔한 설교라고요. 그런 소리는 들을 만큼 들었다고 항의하고 싶은 사람도 있을 겁니다.

　저는 그러한 설교가 무의미하다고 생각하진 않아요. 다만 이 책에서 하고자 하는 말은 다릅니다. 'SNS를 어떻게 사용할 것인가'와 같은 방법을 안내하기보다 SNS를 사용하는 우리 자신이 누구인지 생각해 보자고 제안하고 싶어요.

　SNS가 우리가 사는 '세계'라면, 'SNS를 생각하는 것'은 곧 '우리가 사는 세계를 생각하는 것'입니다. 세계를 생각하는 것은 그 세계에서 사는 자기 자신을 생각하는 것이며, 자기 자신에 대해 새롭게 질문을 던지는 것이죠.

어쩌면 SNS를 사용하면서 답답함을 느낀 적이 있을지 모릅니다. 그럴 때 이 책에서 던지고 싶은 화두는 "그러면 SNS 같은 거 그만하면 되지!"가 아닌, "왜 SNS를 하며 답답함을 느꼈을까?"입니다. 여러분이 느끼는 감정에 철학적으로 접근해 보자는 것이죠. 나아가서 'SNS에 답답함을 느끼는 나는 도대체 누구인가?'라는 질문이기도 합니다.

물론 이런 생각을 하지 않고도 SNS를 자유자재로 사용할 수 있을 거예요. 그러나 생각하지 않아도 사용할 수 있다는 것이 곧 그 대상을 이해하고 있다는 뜻은 아닙니다. 오히려 SNS가 우리에게 너무도 일상이 되었기에 우리는 SNS를, 또 SNS를 자유롭게 사용하는 우리 자신을 제대로 이해하지 못할 가능성이 있어요.

이 책에서는 SNS에 대해서 철학적으로 생각해 볼 것입니다. 그 진정한 목적은 우리 자신이 어떤 사람인지 생각하는 것이에요. 이 책을 읽으며 깊게 사고하다 보면 여러분 자신과 아주 가까워질 수 있을 거예요.

마지막으로 한 가지 부탁을 드리고 싶어요. 앞으로 읽어 나갈 내용을 단순히 지식으로 흡수하지 말고, '흐음?' 하고 고개를 갸웃거리며 여러분 나름대로 열심히 생각해 보면 좋겠습니다. '이게 정말일까?', '나라면 어떨까?' 하고 열심히 머리를 굴리며 책을 읽어 주세요. 왜냐하면 철학에서는 훌륭한 사람이 무엇을 말했는지 아는 것보다 자기 자신의 힘으로 깊이 생각하는 것이 가장 중요하거든요.

저는 이 책의 내용이 여러분에게 생각해야만 하는 부담스러운 것으로 다가가지 않았으면 합니다. 반대로 이 책이 여러분 안에 잠든 '생각하고 싶은' 호기심을 두드려 깨워 주기를 바랍니다. 즐기려는 마음을 잊지 말고, 생기 넘치는 탐구심을 갖추고 부디 끝까지 함께해 주세요.

서론이 길어졌습니다. 기다리다가 지친 여러분의 얼굴이 생생하게 떠오르네요. 그럼 슬슬 본론으로 들어가 볼까요? 온라인과 오프라인 사이로 어서 오세요!

차례

들어가며   6

1장   왜 SNS에서 인정받고 싶을까?
'SNS 피로'의 정체   17
우리는 왜 인정받고 싶을까?   23
서로를 인정하는 단계로 가기 위해   29

2장   SNS에서 시간은 어떻게 흐를까?
타임라인에서는 시간이 흐르지 않는다   40
SNS에서 시간을 만들어 내는 법   46
우리가 살아가는 시간성   51

3장   SNS에서는 어떤 말이 오갈까?
우리는 왜 SNS에서 중얼거릴까?   62
중얼거림과 불판 깔기   68
말과 규칙의 관계   74

4장 SNS에 우연이 있을까?

SNS에서 작동하는 알고리즘 84

알고리즘과 우연성 90

나 자신을 창조하다 95

5장 SNS에서 연대할 수 있을까?

정치에 이용되는 SNS 108

SNS가 이루는 연대 115

연결에 힘을 얻기 위해 120

마무리하며 130

작품 안내 134

1장

왜 SNS에서
인정받고 싶을까?

왜 우리는 SNS를 하면서 답답함을 느끼는데도 SNS를
떠나지 못할까요? SNS를 떠날 수 없다면 어느 정도로
거리를 두는 게 좋을까요?

인스타그램에는 '스토리'라는 기능이 있습니다. 사람들에게 사진이나 영상을 24시간 동안만 공개하는 기능입니다. 누구에게 보여 줄지도 세세하게 설정할 수 있죠. 요즘은 게시물은 올리지 않고 스토리만 올리며 인스타그램을 이용하는 사람도 적지 않습니다.

한번 누군가의 스토리를 보기 시작하면 자동으로 다른 계정의 스토리로 잇따라 넘어갑니다. 시험 삼아 지금 제 계정에 들어가 스토리를 봤는데, 제일 먼저 국물이 진한 라멘 가게에 갔다는 이야기가 나오네요. 다음은 연인과 함께 해변에서 아침 해를 바라보는 영상이, 그다음으로는 친구끼리 놀이공원에서 점프하며 찍은 사진이 나왔습니다.

이런 것을 보면 제일 먼저 어떤 생각이 들까요? 보통은

‘아, 부럽다.’겠지요. 나는 잠옷 차림으로 침대에 누워만 있는데, 내 친구들은 어쩌면 이렇게 눈부신 하루하루를 보낼까, 정말 알차게들 사는구나, 다들 ‘갓생’을 사는데 나란 인간은 참으로 초라한 존재로다……. 이렇게 느끼는 사람이 분명 저뿐만은 아닐 거예요.

그럴 거면 인스타그램을 보지 말라는 소리가 들리는 것 같군요. 네, 그게 맞을지도 모르죠. 그럴 수 있다면 얼마나 편할까요? 다만 말처럼 쉽게 행동할 수 없는 게 SNS의 어려운 점입니다.

왜 우리는 SNS를 하면서 답답함을 느끼는데도 쉽사리 손을 떼지 못할까요? SNS를 떠날 수 없다면 어느 정도로 거리를 유지하면 좋을까요? 이번 1장에서는 이 문제를 ‘인정’이라는 개념을 중심으로 생각해 보겠습니다.

앗, 어려울 것 같다고요? 전혀 어렵지 않습니다. 인스타그램 스토리를 볼 때 여러분이 느끼는 떨떠름한 감정이 중요합니다. 그 떨떠름한 감정의 정체가 도대체 무엇일지 같이 생각해 봅시다.

'SNS 피로'의 정체

● 인정 욕구가 우리를
   괴롭히는 이유

인스타그램뿐 아니라 온갖 SNS를 사용할 때면 나만 빼고 다들 빛나 보여서 무심코 비교하고 우울해한 적이 있을 겁니다. 제 업무 중 하나는 글쓰기인데, 트위터를 하다가 짧은 문장으로도 멋진 글을 써 올리는 사람을 보면 저도 모르게 질투를 느낍니다. 비슷한 느낌의 글을 올리려고 해 보지만 대부분 잘되지 않죠.

그럴 때면 스멀스멀 밀려오는 불안감에 괴롭습니다. "네가 올리는 글 따위 아무도 기대하지 않아.", "네가 쓴 글에 관심을 보이는 사람은 없어."라는 세상의 소곤거림이 들리는 것 같기도 해요.

나는 남들이 관심을 가질 만한 존재가 아니다, 이 사실과 직면할 때 우리는 '다른 사람이 나를 알아주지 않는다.'라고 느낍니다. 다시 말해 다른 사람에게 '인정'받지 못한다고 느끼죠. 그렇다면 SNS에서 우울해지는 이유는 다른 사람에게 인정받지 못했기 때문에, 인정받는 것에 실패했기 때문이라고 생각할 수 있습니다.

이런 상황을 바꾸기 위해 우리는 보통 어떻게 행동하나요? 의욕적으로 좋은 콘텐츠를 올리려고 하겠죠. 이불을 박차고 일어나 멋진 옷을 입고, 공들여 꾸미고, 전철을 타고 인기 있는 카페에 가서 계절 한정 디저트와 함께 사진을 찍어 SNS에 올리기도 할 겁니다. 올린 사진에 "멋지다!"라는 답글이 달리거나 하트가 많이 눌리면 왠지 충족된 기분이 들 거예요.

이것이 SNS에서 우리가 인정받는다고 느끼는 상태입니다. '다른 사람이 나에게 관심을 보여 준다.', '나를 주목할 만한 존재라고 인정한다.' 이 황홀할 정도로 달콤한 감각, 여러분도 알고 있죠?

이런 인정을 원하는 마음을 '인정 욕구'라고 부르기로 합시다. 인정 욕구 자체는 인간에게 반드시 있어야 하는 욕망입니다. "인정 욕구 같은 건 버려야만 한다."라는 말을 종종 듣는데, 그렇지 않습니다. (이에 대해서는 차차 설명할게요.)

인정 욕구가 있어야 하는 건 맞는데, 한편으로 인정 욕구를 억제하지 못할 때가 있는 것도 사실입니다. 인정 욕구에 한번 먹히면 그 안으로 끝없이 끌려들어 갑니다.

예를 들어 보죠. 화려한 디저트 사진을 올려서 많은 사람에게서 관심을 받았다고 해 봅시다. 일단 인정 욕구가 채워졌을 테고, 이불을 뒤집어쓰고 누워 있을 때 품었던 열등감이 사라졌을지도 몰라요. 그런데 그때 인정받은 것은 멋지게 꾸미고 화려한 디저트와 함께 있는 여러분이지, 이불을 뒤집 어쓰고 평소 모습 그대로 누워 있는 여러분이 아니죠. 그러 니 여러분은 다른 사람에게서 인정을 얻기 위해 언제나 반짝 반짝한 일상을 적극적으로 연출해야 합니다. 그러나 그건 결 국 여러분 자신이 인정받는 건 아니지요.

바로 이것이 인정을 생각할 때 어려운 점입니다. 우리는 다른 사람에게 인정받으려고 할 때 '인정받을 만한 나'로 있 으려고 해요. 인스타그램에서라면 다른 사용자처럼 반짝이 는 일상을 보내는 내 모습을 보여 주려고 하죠.

그렇게 노력하면 인정을 얻을 수 있겠지만, 관점을 바꿔 생각해 보면 노력하지 않는 나는 인정받지 못한다는 뜻이 됩 니다. 반짝반짝한 일상을 연출해서 인정받으면 받을수록 '나 는 반짝반짝하지 않으면 인정받지 못하나?'라는 불안감이 강렬해집니다.

● **인정을 바라면 생기는**
의존, 불안, 소외

SNS에서 다른 사람한테 인정을 얻으려고 할 때 나타나는 세 가지 특징이 있습니다.

첫 번째, 상대방에게 인정받느냐 못 받느냐에 따라 자기 삶의 수준이 정해집니다. 표현이 좀 복잡한가요? 괜찮습니다. 일단 따라와 주세요.

애초에 상대가 '나(이 책을 쓴 도야라는 작가가 아니라 지금 책을 읽는 여러분입니다!)'를 인정할지 말지를 '나'는 조종할 수 없어요. 상대에게 "나를 인정해!"라고 강요해서 어떤 반응을 얻어도 '나'의 인정 욕구는 충족되지 않습니다. 인정이란, 상대방이 자발적으로, 자기 의지로 해야만 의미가 있으니까요.

즉, 인정 욕구의 전제는 상대방의 자유입니다. '나'의 인정 욕구가 충족되느냐 마느냐가 오롯이 다른 사람에게 달려 있으니 그런 의미에서 '나'는 다른 사람에게 '의존'하게 됩니다. 이것이 인정받기에 나타나는 첫 번째 특징, 다른 사람에게 의존한다는 것입니다.

두 번째, 인정 욕구는 한 번 인정을 받았다고 충족되지 않습니다. 지금까지 쭉 인정받다가 어느 순간 딱 한 번 거절당해도 인정 욕구의 만족도는 다시 0으로 돌아갑니다. 그래서 우리는 끝없이 인정받기를 바라요. 언제 어디서나 스마트폰을 손에서 놓지 못하고, SNS에 접속해 대기하고 있죠. 누군가 우리에게 반응을 보이면 곧장 반응할 수 있도록요. 이런 의미에서 인정 욕구는 절대 채워지지 않고, 언제나 '나'에게 불안을 불러일으킵니다.

세 번째, 인정받고 싶을 때 '나'는 무리합니다. 진짜 자신의 모습이 아니라 사람들이 인정할 만한 자신을 연기하려고 하죠. 인스타그램에 반짝반짝한 일상 사진을 올릴 때, 원래 '나'는 그만큼 반짝반짝하지 않더라도 사람들에게 인정받기 쉽도록 그런 '나'를 연기합니다.

이때 인정받으려는 '나'와 진짜 '나' 사이에 괴리가 생깁니다. 이렇게 무리해서 주변 사람에게 인정받아도 그때 인정받은 것은 연기하는 모습이지, 진짜 '나'는 아니죠. 그렇기에 무리하는 만큼 자기 자신을 잃습니다. 인정을 원하면 원할수록 자신이 누구인지 잃어버리는 현상을 '소외'라고 해요. 조금 어려운 단어가 나왔죠? 소외는 '서로 인정하는 단계로 나아가기 위해'(29쪽)에서 자세하게 설명하겠습니다. 지금은 소외가 SNS에서 인정을 얻으려고 할 때 나타나는 세 번째 특징이라고만 알아 두세요.

의존, 불안, 소외가 차례로 여러분 앞에 나타나면 SNS를 이용하는 게 답답해지고, SNS에서 도망치는 것도 어려워집니다. 일반적으로 'SNS 피로'라고 부르는 현상은 이런 식으로 나타난다고 볼 수 있어요.

 SNS에서 인정 욕구는 ① 의존 ② 불안 ③ 소외를 낳는다.
⇒ SNS와 거리를 두기 어려워진다!

온라인

우리는 왜 인정받고 싶을까?

● SNS의 인간관계가
　　현실의 인간관계인 세대

여기까지 잘 따라왔나요? 그렇다면 여러분도 이미 멋진 철학자입니다. 그래도 모처럼 시작했으니 조금 더 철학적으로 생각해 볼까요?

　SNS는 인정 욕구를 부추깁니다. 이런 이야기가 나오면 반드시 듣는 소리가 "그럼 SNS를 그만두면 되잖아?"입니다. 아마 여러분도 들은 적 있겠죠. 네, 하지만 저는 이런 의견에 동의하지 않습니다.

　SNS를 그만두면 된다는 의견은 현실의 인간관계가 SNS와 이어져 있지 않은 사람의 생각입니다. SNS가 없어도 인간관계가 이루어지고 친구를 잃지 않는 사람의 생각이죠. 아마도 SNS 네이티브가 아닌 세대, 구체적으로 Z세대(1990년대 후반부터 2010년 초에 태어난 세대)보다 위 세대인 사람들에게는 그게 당연할지도 모릅니다. '인간관계란 모름지기 현실에서 사회생활을 하면서 맺는 거잖아. SNS는 이미 만들어진 인간관계 안에서 이용하는 커뮤니케이션 수단 중 하나일 뿐이야. 또 의사소통 수단이 SNS만 있는 것도 아니니 SNS를 그만둔다고 인간관계가 해체된다는 건 지나친 생각이지.' 아마 이렇게 생각할 거예요.

SNS 네이티브 세대에게는 이런 생각이 전혀 설득력을 얻지 못합니다. 이 세대에겐 '카카오톡 ID 교환하기', '인스타그램 맞팔하기'가 사실상 인간관계의 시작을 의미하기에 현실의 인간관계와 SNS의 관계성을 갈라놓을 수 없습니다.

● **인정받으려는 마음이**
  문제라고?

어떤 사람들은 '인정 욕구를 품는 것 자체가 문제'라는 관점에서 비판하기도 합니다. 자기 정체성은 스스로 확립해야 하는 것이고, 다른 사람에게서 받는 인정으로 자기 정체성을 다지려고 하면 결국 의존과 불안과 소외의 구렁텅이에 빠진다고요. 그러니 남에게 인정받으려고 하면 행복해질 수 없다고 하는 사람도 있어요. 이런 사람은 생각보다 많을 거예요.

인정 욕구가 문제라는 생각의 전제는 '다른 사람에게 의존하는 것은 옳지 않고, 스스로 결정하고 판단해야 한다.'라는 가치관입니다. 철학 용어를 써서 표현하면 '자율성'을 중요하게 여기는 발상입니다. 반면 다른 사람에게 의존하는 것을 '타율성'이라고 하지요.

온라인

자율성이란 '자기 스스로 통제할 수 있는 것'이고, 타율성은 '다른 사람에게 통제당하는 것' 다시 말해 다른 사람이 하라는 대로 하는 것입니다.

또 어려운 말을 썼다고 생각했을까요? 간단한 내용이니 조금만 참아 주세요. 다른 사람에게 의지하지 않는 것이 자율성, 다른 사람에게 의지하지 않고서는 못 배기는 것이 타율성입니다. 어때요, 간단하죠?

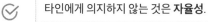

> 타인에게 의지하지 않는 것은 **자율성**.
>
> 타인에게 의지하지 않고서는 못 배기는 것이 **타율성**.

◑ 타율성은 잘못이 없다

우리는 보통 자율성이 가장 중요하다고 배우며 자랍니다. 저 역시 초등학생 때 선생님에게 "스스로 생각하고 스스로 행동해야지." 같은 말을 지겹도록 들었어요. 뭔가 이해가 안 돼서 물어보기라도 하면 먼저 스스로 생각하라며 혼나기도 했고요.

그런데 자율성과 타율성을 마치 물과 기름처럼 결코 섞이지 않고 대립하는 것이라고 인식한다면, 이런 사고방식에 의문이 생깁니다. 이를테면 자율적이기 위해서는 타율적이

어선 안 되고, 타율적이라면 결코 자율적이지 않다는 생각은 우리 현실을 전혀 반영하지 못해요. 왜냐하면 인간은 혼자 힘으로는 자기 정체성을 형성하지도, 인식하지도 못하기 때문입니다.

정체성이란, 바꿔 말하면 '나는 누구인가.', '내게는 어떤 가능성이 있는가.'에 관한 자기 나름의 이해입니다.

아이는 어른이 보여 주는 다양한 가능성을 하나하나 시험하면서 자신을 조금씩 알아 갑니다. 어떤 아이가 노래를 불렀을 때, 곁에 있던 어른이 그 노래를 듣고 기쁘게 웃었다고 해 보죠. 그러면 아이는 '나는 노래를 부를 수 있구나. 내 노래로 다른 사람을 기쁘게 할 수 있구나.'라고 깨닫습니다. 이렇게 다른 사람과의 관계에서 얻는 깨달음이 쌓여서 '나는 누구인가.', '나는 무엇을 할 수 있는가.'라는 정체성을 형성해 나갑니다.

아이는 주변 어른이 돌보지 않으면 제대로 살아갈 수 없어요. 그런 의미에서 아이는 자신을 돌봐 주는 어른들에게 타율적이죠. 그렇다고 그 타율성이 아이의 인생에서 자율성을 빼앗아 가지는 않아요. 오히려 자율성이란 타율성 안에서만 자라납니다.

자율성과 타율성은 연결되어 있어요. 자신이 누구인지 알고 정체성을 확립하기 위해서는 반드시 다른 사람의 힘을 빌려야 합니다. 이는 결코 부정적인 일이 아닌 사람이 성장하는 자연스러운 과정이에요.

◗ 누군가의 인정이 있어야
알 수 있는 것

아이뿐 아니라 어른에게도 앞서 알아본 내용이 적용됩니다. 어른 역시 다른 사람의 영향을 받으며 정체성을 형성해요. 이 '다른 사람'의 대표적인 예가 친구입니다.

여러분, 혹시 입학 지원서나 동아리 신청서, 또는 어떤 활동을 위해 서류에 본인의 성격이나 장점을 적어서 제출해야 했던 적 있나요? 이때 뭐라고 적으면 좋을지 몰라 곤란할 경우 쓸 수 있는 좋은 방법이 있습니다. 친구에게 물어보는 것입니다. 친구가 답해 준 내용을 보고 '아하, 나한테 이런 장점이 있구나?' 하고 자기 개성을 새롭게 알게 되는 경우도 많아요.

저도 친구의 장점을 적어 준 적이 몇 번쯤 있었습니다. 제 눈에는 너무도 당연한 친구의 장점을 적었을 뿐인데, 그걸 읽은 친구들은 대부분 어렴풋하게 놀란 기색을 보이고는 했어요. 그 정도로 우리는 우리 자신이 어떤 사람인지 잘 모릅니다.

아마도 '인정'이 지닌 가장 기본적인 작용이 여기에서 나타날 겁니다. '내가 다른 사람에게 어떤 사람으로 보이고 받아들여지는지 앎으로써 내가 누구인지 아는 것'이죠. 그런 형태로 '내가 누구인지 알고 싶다'고 바라는 것 자체가 인정 욕구 아닐까요?

그러나 인정 욕구는 우리가 살펴봤듯이 의존과 불안, 소외의 구렁텅이에 사람을 끌어들이는 힘도 지녔어요. 그 구렁텅이에 빠져 괴로워하다 지칠 대로 지치는 바람에 자기 정체성을 잃고 자율성을 빼앗기고 자존심이 다치는 사람도 많을 겁니다.

이 지점에서 또 다른 질문이 모습을 드러냅니다.

살아 있는 이상 우리는 다른 사람의 인정을 원합니다. 다만 인정 욕구는 때때로 해롭습니다. 그렇다면 우리는 '다른 사람의 인정'을 어떤 태도로 대해야 할까요? 자신의 인정 욕구를 어떻게 조절하면 좋을까요?

 인간은 누구나 인정이 필요하다.

'내가 누군지 알고 싶다'는 마음 또한 인정 욕구이다.

⇒ 타율적이라고 꼭 나쁘지만은 않다!

서로를 인정하는 단계로 가기 위해

◐　헤겔: 인정 욕구는
　　필연적으로 좌절한다

앞서 던진 질문은 사실 SNS가 등장하기 훨씬 전부터 철학
세계에서 중요한 문제로 다뤄졌습니다. 이쯤에서 철학자 한
명을 불러오고 싶군요. 근대 독일 철학자 프리드리히 헤겔
(1770~1831년)입니다. 헤겔은 자신이 쓴 《정신현상학》이라
는 책에서 사람이 어떻게 자기 자신을 확신하는지를 질문했
습니다.

　'자기 자신을 확신한다'의 표현을 바꾸면, 자기 자신에게
막연한 이미지를 품는 것이 아니라 '좋았어, 이게 바로 나야!'
라고 자신 있게 말할 수 있는 상태가 되는 것이죠. 헤겔에 따
르면, 인간은 혼자서는 자신을 확신하지 못합니다. 그런 확
신을 얻으려면 다른 사람에게 인정받아야 하죠.

　예를 들어 주변 사람이 '나'를 '반짝반짝한 사람'이라고
인정한다고 해 보죠. '나'는 그렇게 인정받으므로 자신을 '반
짝반짝한 사람'이라고 확신합니다. 다만 헤겔은 그렇게 확신
하는 것이 동시에 '나'를 소외된 상태에 빠뜨린다고 주장했
어요. 이유가 뭘까요?

이치는 단순합니다. 이때 '나'는 다른 사람의 인정을 바탕 삼아 스스로 '반짝반짝한 사람'이 되려고 합니다. 알고 보면 '반짝반짝한 사람'이 아닌 삶도 가능했는데, 주변 사람이 인정해 주는 '반짝반짝한 사람'을 연기하려고 하죠. 이때 '나'는 '반짝반짝한 사람' 이외에도 가능했을 자신과 다른 사람이 인정하는 '반짝반짝한 사람'으로서의 자신 사이에서 분열됩니다. 그러다가 어느새 자신을 속이게 되고 끝내는 잃어버립니다.

이처럼 인정 욕구는 필연적으로 좌절합니다. 게다가 이 좌절은 좌절만으로 끝나지 않아요.

다른 사람의 인정으로 자기 자신을 확신하려는 것은 다른 사람을 자기 자신을 확신하는 수단으로, 말하자면 도구로 다룬다는 의미입니다. 이때 상대방은 '나'에게 '나를 반짝반짝한 사람이라고 인정해 준 사람'으로만 보이지 그 이상의 존재가 되지 못합니다.

다만 앞서 설명했듯이 어떤 사람이 해 준 인정이 '나'에게 효과적이려면 그 사람이 자유로워야 하죠. 자유로운 상대방이 자기 의지로 '나'를 인정해 주지 않으면 '나'는 만족하지 못합니다. 그렇다면 '나'가 상대방을 자기 인정 욕구를 충족하는 수단으로, 즉 상대의 자발성이나 자유를 무시하는 형태로 다루는 한 '나'는 상대방에게서 만족할 만한 인정을 얻지 못하는 모순에 빠집니다. 다시 말해 '나'는 다른 사람에게 인정을 요구하기 때문에 그 욕구를 충족하기 위한 필요조건을 스스로 무너뜨립니다.

◑ 서로를 도구로 다루다

그뿐만이 아니에요. 헤겔은 '인정' 문제를 어디까지나 상호적인 관계의 문제로 파악했습니다. 무슨 뜻이냐면 우리가 다른 사람에게 인정을 요구할 때, 다른 사람 또한 우리에게 인정을 요구한다는 소리죠.

인스타그램이나 트위터에서 받는 '좋아요(하트)'를 예시로 들어 보죠. 자기가 올린 게시물에 좋아요가 달리면 우리는 인정받은 기분을 느낍니다. 그 기분을 더 많이 느끼고 싶어서 더 많은 사람에게서 좋아요를 받으려고, 우리 역시 다른 사람의 게시물에 열심히 좋아요를 누릅니다. 이때 우리는 상대방이 좋아요를 누르도록 영향을 주고, 곧 상대방을 내 인정 욕구를 충족하는 수단으로 다룬다고 할 수 있습니다. 상대방 또한 자기 글에 좋아요를 받고 싶으니까 우리가 올린 글에 좋아요를 누릅니다.

이때 우리는 내가 상대방이 준 좋아요가 인정받고 싶으니까(즉 그 사람의 글에 좋아요를 눌러 주길 바라서) 준 것임을 깨

닮습니다. 그러면 자신이 다른 사람의 인정 욕구를 충족하기 위한 도구로 전락했음을 깨닫고 자존심에 상처를 입습니다. 여기에 인정 욕구가 빠지는 근본적 모순이 있죠.

● 서로의 자유를 인정하는 '상호 인정'

서로가 서로를 도구로 다루는 관계를 당사자들이 이해하고 있다면 그런대로 괜찮겠죠. 하지만 헤겔은 적어도 이런 형태로는 인정을 실현할 수 없고, 자기 자신을 확신할 수도 없다고 생각했습니다. 그렇다고 해서 다른 사람과의 관계를 끊고 외톨이가 되라고 하지도 않았죠.

헤겔에 따르면 인정을 둘러싼 모순을 극복하고 인정을 실현하려면, 우리는 다른 사람에게 보이는 우리의 이미지를 스스로 버려야만 합니다. 그동안 다른 사람에게 인식되는 이미지를 통해 자신을 확신하려고 했다면, 그 이미지에 집착하지 말고 자기 자신을 해방시켜야 한다는 것입니다.

인스타그램에서 반짝반짝한 모습이 나의 전부가 아니라 하나의 가능성에 불과하다는 것을 스스로 적극적으로 받아들이라는 뜻이죠.

이런 변화는 자신은 물론이고 나아가 다른 사람까지 자

유롭게 합니다. 다른 사람이 자신을 어떻게 보는지 신경 쓰지 않음으로써 '나를 이렇게 봐 주면 좋겠다.', '나를 인정하면 좋겠다.'라는 다른 사람에게 건 기대나 요구를 놓아버리고, 그 결과 다른 사람 또한 해방해 줄 수 있으니까요.

이 시점에서 헤겔은 '상호 인정'이라는 인정의 새로운 모습을 제안합니다. 서로의 인정 욕구가 마구 충돌하는 모습 대신 말이죠. 상호 인정으로 다른 사람에게 전달하는 것은 '나를 이런 존재로 인정하면 좋겠다.'라는 인정 욕구가 아닙니다. 그 대신 '당신은 나에게 단순히 이용하기 좋은 존재가 아니다.'라는 메시지이며 '내게 도움이 될지 안 될지와 상관없이 나는 당신을 알아 가고 싶다.'라는 메시지죠.

상호 인정이라는 관계성을 통해 우리는 먼저 상대방의 자유를 인정합니다. 그렇게 하면 우리 또한 자유로운 존재임을 비로소 다른 사람에게 인정받을 수 있어요.

즉 '나'는 자유로운 존재로서 상대방에게 어떻게 보일지나 인정받을 수 있을지를 신경 쓰지 않고 '나'의 감정이나 생각을 존중합니다. 그리고 그런 상태로도 '나'는 다른 사람과의 관계성 속에 머물 수 있습니다. 이것이 상호 인정으로 얻는 인정입니다.

자, 그렇다면 SNS에서는 어떻게 상호 인정을 이루어 낼수 있을까요?

온라인

우선 SNS에 있는 자신이 진짜 자신과 똑같지 않다는 사실을 받아들이면 됩니다. 그런 다음 여러분이 친구에게 SNS에서의 자신을 인정해 달라고 요구하기를 멈춘다면, 다시 말해 좋아요나 빠른 답글을 기대하지 않는다면, 그것이 친구의 자유를 존중하는 것으로 이어집니다. 그런 존중은 부메랑처럼 돌아와 여러분 또한 친구로부터 자유를 존중받습니다.

인정 욕구를 버리라는 소리가 아니에요. 상호 인정을 원하는 것 또한 엄연한 인정 욕구이기 때문이죠. 상대방의 자유를 존중하고 상대방에게도 내 자유를 존중받는 형태로 서로 인정을 요구하는 것이 중요합니다.

어떤가요, 이런 방식이라면 SNS에서도 한 단계 높은 인정 욕구를 꿈꿀 수 있지 않을까요? 이것이야말로 SNS 피로감에서 벗어나 상쾌한 SNS 생활을 하는 방법일지 모릅니다.

상대방이 자유롭지 않으면 인정 욕구는 채워지지 않는다.

서로를 도구 취급하지 않고, 상대방의 자유를 인정하는

상호 인정이 인정 욕구를 조절하는 한 방법.

2장

SNS에서 시간은

어떻게 흐를까?

밤 11시, 멍하니 인스타그램을 보다가 마침 1분 전 올라온 스토리를 만났을 때. 뭔가 통한 듯한, 절대 다시 오지 않고, 오로지 그 순간에만 존재하는 듯한 어떤 감각을 느낀 적이 있나요?

자기 전에 무심히 SNS를 들여다보다가 순식간에 시간이 흘러가 버린 경험, 누구나 있을 거예요. 저 역시 아무 생각 없이 SNS를 보고 또 보다가 수면 부족에 시달린 적이 있어요.

시간이란 참 신기합니다. 하기 싫은 일을 할 때는 도무지 흐르지 않는 것 같지요. 재미라곤 하나도 없는 수업을 들을 때나, 체육 시간에 운동장을 몇 바퀴나 달려야 할 때는 마치 다른 차원에 휩쓸린 것마냥 시간이 느리게 갑니다. 반대로 즐거운 일을 할 때나, 집중해서 공부를 할 때는 눈 깜박할 사이에 시간이 흘러가죠.

그렇다면 SNS에서는 시간이 어떻게 흐를까요?

어떤 SNS에는 콘텐츠를 최신순으로 보여 주는 '타임라인'이라는 기능이 있습니다. 타임라인에 끊임없이 올라오는 최신 정보를 들여다보다 보면 화장실을 갈 때에도 스마트폰을 손에서 놓기 어렵습니다.

이런 순간에 우리는 시간을 어떻게 경험하고 있을까요? 또한 그 경험은 우리에게 어떤 의미를 지닐까요?

이번 장에서는 이 시간의 문제를 알아보려고 합니다.

타임라인에서는 시간이 흐르지 않는다

● SNS와 흑역사

SNS를 할 때는 많은 것을 주의해야 합니다. 특히 명심해야 할 것이 '한 번 올린 콘텐츠는 아주 오랫동안 남는다'는 것입니다.

트위터에 올린 글이나 인스타그램에 올린 사진, 유튜브에 올린 동영상은 본인 혹은 SNS를 운영하는 회사가 삭제하지 않는 한 반영구적으로 남습니다. 그러니 순간적인 기분에 휩쓸려 아무 말이나 올리면 위험하죠. 시간이 흘러 까맣게 잊어버렸을 무렵, 과거의 내가 올린 무언가를 보고 미친 듯이 후회하게 될지도 몰라요. 흔히 '흑역사'를 남겼다고 하죠.

'흑역사'는 단순히 창피한 소동이 아니라 더 큰 문제로

온라인

커질 가능성도 있습니다. 시대에 따라 SNS에 써도 괜찮은 내용, 사람들에게 밝혀도 문제가 없을 내용이 달라지기 때문이죠. 상황에 따라서는 윤리관이 달라져서 예전에는 허용되던 것이 더는 용납되지 않아 비판의 대상이 될 수도 있어요.

미국의 유명한 팝 가수 빌리 아일리시는 2021년, 본인이 열세 살 때 촬영한 영상에서 아시아계 사람들을 비하하는 언행을 한 것을 사과했습니다. 그 영상을 촬영한 때는 본인에게 엄청난 영향력이 생기기 훨씬 전입니다. 그런데 어떤 사람이 그 영상을 찾아내고 다른 영상과 이어 붙여 틱톡에 올리면서 알려지고 말았죠.

인터넷에서는 그 사과를 두고 칭찬하는 목소리도 있었고, 그렇게 옛날 일을 사과할 필요는 없다는 목소리도 있었습니다. 지금 여기에서 그 행동의 옳고 그름을 가릴 생각은 없어요. 다만 열세 살이던 빌리 아일리시는 자신이 장차 어마어마한 인기를 누리는 아티스트가 되리라고 예상하지 못했을 겁니다. 또 그때 무심코 촬영한 영상 때문에 사람들에게 사과해야 하는 날이 오리라고는 상상하지 못했겠죠. 열세 살인 그녀와 스무 살인 그녀는 자란 세월만큼 가치관도 사고방식도 크게 다를 테지요. 그녀를 둘러싼 환경도, 그 세계에서 당연시되던 윤리관도 같지 않습니다. 이처럼 SNS는 시간의 단절을 아주 쉽게 극복합니다.

● 디지털 정보가
일으키는 착각

SNS 세상은 과연 어떤 원리로 시간의 벽을 뛰어넘는 걸까요? 그건 당장 마주한 게시물이 마치 지금 막 일어난 일처럼 느껴지기 때문입니다. 사용자를 착각하게 하는 성질이 있는 것이죠. 트위터나 인스타그램에 올라오는 정보들은 언뜻 보면 실시간으로 일어난 일처럼 보입니다. 그렇지만 사실 알고 보면 저마다 다른 시간에 작성된 콘텐츠일 수 있어요.

SNS 속 타임라인은 마치 과거에서 현재까지 곧게 흐르는 시간순으로 콘텐츠가 올라오는 것처럼 보입니다. 알고 보면 그 생각은 완벽한 허구이자 착각입니다.

왜 이런 착각이 생길까요? 이유는 아주 단순합니다. 디지털 정보는 물질이 아니어서 '풍화'하지 않기 때문입니다. 쉽게 말해 시간의 흐름에 따라 변화하지 않는다는 거죠.

지금 여러분이 스마트폰으로 영상을 본다고 해 볼까요? 30분 전에 올라온 영상이네요. 그런데 여러분의 눈이 인식하는 것은 지금 이 순간 움직이는 액정 속 장면입니다. 그 장면은 30분 전이 아닌, 지금 이 순간 존재하는 것처럼 보이죠.

1년 전, 혹은 3년 전에 찍힌 영상이 올라왔다고 해도 똑같습니다. 우리는 SNS에 올라오는 콘텐츠가 디지털 정보인

한, 늘 지금 이 순간에 속해 있다고 인식합니다. 물론 영상이라면 표준 화질이나, 달라지는 풍경으로 찍힌 시점을 짐작할 수는 있습니다. 그런데 만약 텍스트로만 이루어진 글 정보라면 따로 날짜가 적혀 있지 않는 한, 그 콘텐츠가 언제 만들어졌는지 알아차리는 건 절대적으로 불가능합니다.

◑ 시간과 물질성

그럼 디지털 정보가 아니라면 어떨까요? 인화한 사진이라면요? 사진은 종이에 인쇄됩니다. 종이는 시간이 지나면 반드시 낡습니다. 아무리 잘 관리해도 색감이나 감촉이 틀림없이 달라져요.

지금 막 인화한 사진과 3년 전에 인화한 사진은 같은 대상을 촬영했어도 전혀 다릅니다. 만약 100년 전에 인화한 사진이라면 이미 너덜너덜하겠죠. 그 너덜너덜한 정도가 사진이 헤쳐 온 시간을 말해 줍니다.

이렇게 시간에 따라 닳거나 낡는 소재로 만들어진 것을 조금 어려운 말로 '물질성'을 지녔다고 합니다. 이 물질성으로 우리는 시간이 흐른 것을 느낍니다.

이 점을 생각하면 SNS 타임라인 속 '타임'은 시간을 담고 있지 않습니다. SNS 세계는 디지털 정보만으로 이루어졌

온라인

으니까요. 디지털 정보는 물질이 아니므로 물질성을 지니지 않고, 시간의 흐름 또한 담지 못합니다. 콘텐츠가 줄지어 있는 타임라인을 보며 우리는 마치 그 속에 시간이 흐르는 것처럼 느끼지만, 사실 완벽한 허구일 따름입니다. 그 속에 존재하는 것은 오로지 글이 올라온 순서일 뿐이죠.

또 SNS 타임라인은 다양한 의도에 따라 조작됩니다. 예를 들어 사람들이 많이 본 콘텐츠나 광고 콘텐츠는 타임라인상에서 우선으로 다뤄져 마치 최신 정보인 듯 표시되죠. 알고 보면 다른 글보다 한참 전에 올라왔을지 몰라요.

자, 여기서 뜻밖의 진실을 알 수 있어요. 바로 타임라인에서는 시간이 흐르지 않는다는 것입니다. '어? 그렇다면 SNS와 시간의 관계를 굳이 따져 볼 필요가 없잖아?'라고 생각하려나요? 그렇지 않아요. 왜냐하면 그곳에 시간이 흐르지 않기에 우리는 시간의 흐름을 만들려고 하거든요.

"뭐라고요? 시간의 흐름을 만든다고요? 우리가 신도 아니고, 그런 걸 어떻게 하나요?" 이런 반론이 들리는 것 같네요. 네, 우리는 신이 아닙니다. SNS에 흑역사나 남기는 불완전한 생명체죠. 그렇기에 우리는 시간의 흐름을 그리워하고 인위적으로 만들려는지도 모릅니다. 이게 무슨 의미인지 이어서 이야기해 볼게요.

> ✓ 디지털 정보에는 **물질성**이 없다.
>
> **시간**을 느끼려면 물질성이 필요하다.
>
> ⇒ 디지털 정보인 SNS 타임라인에선 시간이 흐르지 않는다!

SNS에서 시간을 만들어 내는 법

◐ 사람들은 왜
인스타그램 스토리를 좋아할까?

지금까지 알아봤듯이 SNS에서는 시간이 흐르지 않아요. 관점을 바꾸면, 시간이 흐르지 않기에 우리는 어떻게든 SNS에서 시간을 표현하고, 시간의 흐름을 만들려고 한다고 볼 수 있어요. 물론 그때의 시간은 실제로 존재하지 않는 허구입니다. 설령 허구이더라도 시간의 흐름을 느끼고, 다른 사람에게도 그 흐름을 전하고 싶은 이상한 마음이 우리에게 있는 것 같아요. 가장 대표적으로 인스타그램 스토리 기능을 예로 들 수 있습니다.

1장에서 잠깐 언급했듯이 인스타그램 스토리는 사진이나 영상을 한시적으로 올리는 기능입니다. 일정 시간이 지나면 올렸던 것이 자동으로 삭제되죠. 모처럼 올린 콘텐츠가

온라인

그대로 남지 않고 사라진다니, 왠지 아깝지 않을까요? 그런데도 많은 사람이 스토리 기능을 즐겨 쓰고, 오로지 스토리만 올리며 인스타그램을 쓰는 사람도 많습니다.

스토리에 올리는 콘텐츠는 내용이 매우 단순한 것이 특징입니다. 인스타그램에는 다양한 편집 기능이 있는데, 사람들이 스토리에 무언가를 올릴 때는 대부분 간단한 편집만 합니다. 특히 스토리에 이렇게 가벼운 콘텐츠가 많은 이유는 무엇일까요?

그 이유 중 하나로 꼽을 수 있는 것이, 일정 시간이 지나면 삭제되는 스토리의 특성상 나중에 다시 볼 수 없다는 점입니다. 시간이 지난 뒤 어쩌다가 다시 보고 '이런, 좀 더 제대로 편집해서 올릴 걸 그랬네.', '지금 보니까 되게 부끄럽다.' 하고 후회할 염려가 없습니다. 아무 걱정 없이 편하게 올린다는 점이 많은 사용자가 스토리를 즐겨 쓰는 결정적인 이유일 거예요.

뒤집어 생각해 보면 스토리가 아닌 게시물로 콘텐츠를 올릴 때는 무의식적으로 지금 이 순간만이 아니라, 아주 나중에 이 콘텐츠가 어떻게 보일지까지도 고려한다고 볼 수 있습니다. 즉, SNS에 뭔가 올릴 때 우리는 올리려는 콘텐츠를 미래의 시점으로도 바라본다는 것이죠. 물론 그런 것까지 하나하나 생각하지는 않는다고 말하는 사람도 많을 거예요. 하지만 그런 생각 없이 무작정 SNS를 쓰는 건 위험 부담이 무척 큽니다. 빌리 아일리시처럼 훗날 뭇매를 맞을 씨앗을 남길지도 모르니까요.

◑ 같은 시간을 공유한다는 감각

'일정한 시간이 지나면 콘텐츠가 사라지는' 구조는 알고 보면 시간이 흐르지 않는 SNS 세계에 억지로 시간을 만들려는 시도인지도 모릅니다. 끝을 정해 둔 덕분에 콘텐츠 안에서 시간을 느낄 수 있는 점도 우리가 스토리에 끌리는 이유 중 하나이지 않을까요?

그것은 어쩌면 현장감이라고 부를 수 있는 감각입니다. 사람들은 보통 스토리에 콘텐츠를 올릴 때 미래 시점으로 콘텐츠를 점검하는 일 없이 그 순간의 마음에 따릅니다. '계속 남길 만큼의 가치는 없고 시간이 지나면 분명 잊어버릴 일이지만, 지금만은 다들 봐 주면 좋겠어.'라는 마음을 담은 채요. 이 '지금만'이라는 감각이 스토리의 콘텐츠에 특별한 가치를 붙여 줍니다.

그 가치란 무엇일까요? 아마도 '같은 시간을 공유하는 것'일 겁니다.

스토리에 올라간 콘텐츠를 보려면 그 콘텐츠가 사라지기 전에 봐야 합니다. 만약 타이밍을 놓치면 그 콘텐츠를 볼 기회는 두 번 다시 없어요. 계정 주인이 콘텐츠를 올리는 타이밍과 다른 사용자가 스토리에 들어가는 타이밍이 잘 맞은 때에만 콘텐츠를 볼 수 있죠. 따라서 운 좋게 스토리를 봤을 때, 우리는 콘텐츠를 올린 사람과 '같은 시간을 공유한다.', '지금을 공유한다.'라는 감각을 가집니다.

계정 주인에게도 같은 일이 벌어집니다. 스토리를 올리면, 계정 주인의 화면에는 누가 자기 콘텐츠를 봤는지가 실시간으로 표시됩니다. 그때 '나'는 그 사람들과 자신의 시간을 공유했다고 느낍니다.

그렇다면 스토리에서 우리가 공유하는 '시간'은 도대체 뭘까요? 시계로 잴 수 있는 시간은 아닙니다. 단순한 숫자의 나열도 아니에요. 거기에는 마음이 통하는, 바꿀 수 없는 무언가가 있습니다.

예를 들어 오후 11시는 매일매일 찾아옵니다. 무한히 반복되죠. 그런데 어느 날 밤, 멍하니 인스타그램 스토리를 보다가 마침 11시에 올라온 콘텐츠와 만났을 때 우리는 뭔가 통한 듯한, 절대 반복되지 않고 오로지 그 순간에만 존재하는 무언가와 닿은 감각을 품지 않나요?

✓ 일정 시간이 지나면 콘텐츠가 사라지는 기능이

　'지금'을 공유하는 감각을 만든다.

　⇒ 타임라인에 **시간의 흐름**을 만들어 낸다.

● 반응이 '폭발'했으면
　할 때는 다르다

스토리 기능이 SNS에 시간 감각을 준다면, 스토리 이외에서는 어떤지 생각해 보죠. 예를 들어 지금은 X로 이름이 바뀐 트위터에 글을 올린다고 해 봅시다. 반응이 폭발하기를, 즉 내가 올린 게시글이 점점 퍼져서 많은 사람이 '좋아요'를 누르고 공유해 가길 바라면서요. 그럴 때는 콘텐츠에 아무리 많은 반응이 쏟아져도 '다른 사람과 시간을 공유하는' 감각을 갖진 못할 거예요.

　물론 그 콘텐츠는 '나'의 '지금'에 바탕을 두고 만든 것입니다. 그러나 '나'와 같은 '지금'을 살지 않는 사람들, 서로 다른 '지금'을 사는 사람들에게 읽히고, 퍼집니다.

　좀 더 자세히 설명해 보죠. 다른 사람들의 열렬한 반응을 바라면서 콘텐츠를 만들고 올렸다면, 그건 '나'의 '지금'을 순수하게 담았다고 할 수 없어요. 널리 퍼져서 지금이 아닌 다

50　　　　　　　　　　　　　　　　　　　　　　　온라인

른 때에 봐도 부자연스럽지 않게, 문제가 생기지 않도록 만든 것이기 때문입니다. '나를 이렇게 봐 주었으면 좋겠다'는 이미지와 동떨어지지 않도록 조정하고, 양념을 뿌리고, 다듬은 '지금'이기에 진짜 '지금'의 나와는 별개가 되는 것이죠.

우리가 살아가는 시간성

● 하이데거: 시계의 시간과
본연의 시간은 다르다

우리는 다시는 돌아오지 않는 '지금'을 살아갑니다. 그리고 그 순간의 느낌, 달리 말하면 '시간성'을 표현하기 위해 다양한 방법을 쓰지요. 시간성은 또 무엇이냐고요? 이 문제를 생각할 때 아주 중요한 실마리를 제공하는 철학자가 있습니다. 20세기 독일 철학자 마르틴 하이데거(1889~1976년)입니다. 하이데거는《존재와 시간》이라는 책에서 인간 존재와 시간이 어떻게 관계하는지를 깊이 연구했습니다.

일반적으로 인간과 시간의 관계를 이해하는 방식은 대부분의 사람이 비슷할 거예요. 우선 이 우주에는 공간과 시간이 있지요. 우주라는 공간에서 째깍째깍 시간이 끝없이 흘러가고, 그 안에서 인간이 살아갑니다. 이때 시간은 이른바 우주의 규칙이고, 인간은 그 규칙 안에서 살아가죠. 인간이 시간과 관계 맺는 모습입니다.

이런 식으로 이해하는 시간은 앞서 언급한, 시계로 측정할 수 있는 시간일 뿐입니다. 조금 까다롭게 표현하면, 과학적으로 설명되는 시간 인식법이죠. 당연히 이런 사고방식도 중요합니다. 이 사회에서 다른 사람들과 함께 살아가기 위해서 꼭 필요할 뿐 아니라 편리하죠. 그런데 하이데거는 이런 견해를 인간과 시간의 관계 가운데 아주 일부만을 포착한 것이라고 해석했습니다.

과학적으로 설명되는 시간은 말하자면 이론의 대상으로 파악한 시간입니다. 즉 평소에는 전혀 신경 쓰지 않고 지내던 것을 "어디 한번 설명해 볼까!" 하는 특별한 태도로 새삼스레 샅샅이 살피고, "이게 도대체 무엇인지 설명해 보겠소!"라는 자세로 밝혀 본 것이죠.

우리는 일상에서 특별한 태도를 갖추지 않고도 시간을 잘 보낼 수 있고, 시간이 뭔지도 압니다. 자연스럽게 접하는 시간이야말로 인간이 실제로 사는 본연의 시간 아닐까요. 이것이 하이데거의 생각입니다. 쉽게 말하면 뭔가를 설명하겠다고 각 잡고 인식하면 오히려 본연의 모습을 포착하지 못한다는 뜻이죠.

온라인

● 하이데거가 말하는
일상과 망각

그렇다면 일상에서 우리는 시간을 도대체 어떻게 경험할까요? 이에 대한 하이데거의 답은 참 역설적입니다. 하이데거에 따르면 우리는 일상에서 시간을 잊으려 하거든요. 음? 이게 무슨 소리인가 싶죠. 괜찮습니다. 《존재와 시간》을 읽은 사람은 모두 그렇게 생각할 테니 안심하세요. 한번 간단히 설명해 보겠습니다.

먼저 '일상'이란 뭘까요? 어제와 비슷한 오늘이 찾아오고, 오늘과 비슷한 내일이 찾아오는 것입니다. 특별한 일 없이 어영부영 하루가 흐르고, 아무것도 하지 않아도 저무는 그런 나날이요. 하이데거는 일상의 특징을 단조롭고 지루하고 빛바랜 것이라고 설명합니다. 그래서 우리는 매일 기분전환을 하며 살아요. 인생에서 큰 의의도, 의미도 없는 일을 마치 더없이 중요한 거라도 되는 것처럼 하면서 지내야 견딜 수 있다는 겁니다.

저 같은 경우는 종종 스마트폰 게임에 빠져 지냅니다. 지금껏 인생에서 도대체 얼마나 많은 시간을 게임에 소비했을까요? 심지어 별로 잘하지도 못하면서 말이에요. 만약 수명을 다하는 시점에 인생에서 자기가 해 온 일의 시간을 합쳐

온라인

서 볼 수 있다면, 저는 분명 게임을 하느라 쓴 시간을 보고 후회할 거예요. 하지만 게임에 열중할 때는 그런 생각을 하지 않습니다. 말하자면 이것이 시간을 잊으려는 상태예요. 하이데거는 일상에서 보이는 시간의 이런 양상을 '망각'이라고 부릅니다.

●　　언제나 새로운 길은 있다
　　도래와 기재

어라? 시간을 잊으려고 한다면 시간을 경험하는 것과는 거리가 멀지 않나? 이쯤에서 이런 의문이 생길 수 있겠어요. 물론 그렇지 않습니다. 하이데거에 따르면 망각할 때 우리는 시간을 잊는 형태로, 다시 말해 시간에게서 시선을 피한 채 시간을 경험하기 때문입니다. 그러니 우리는 이런 질문을 던져야 합니다. '우리가 일상에서 잊어버린 시간은 본래 어떤 모습일까?'

하이데거의 생각은 이렇습니다.

"우리는 매일 같은 일상이 반복된다고 생각한다. 지금과 똑같은 일이 계속 반복된다고 믿는다. 그 반복에서 빠져나올 수 없고, 바꿀 수도 없다고 여긴다. 그런데, 그렇지 않다. 인간에게는 언제나 다르게 살아갈 가능성이 열려 있다. 오늘을 어제와 전혀 다른 하루로 만들 수 있다. 내일은 오늘과 다른 인간이 될 수도 있다. 우리가 틀에 박힌 일을 반복한다고 여긴 나날도 사실은 무엇 하나 미리 정해진 것이 없다."

어떤가요, 이해가 되었나요? 한번 예를 들어 설명해 볼 게요. '나'는 오늘도 폰 게임을 하고 내일도 폰 게임을 하리라고 예상합니다. 그러고서 '아아, 뭐 이렇게 매일이 똑같고 지루하냐.'라고 한탄하죠. 그러나 '나'는 지금 이 순간 그 게임을 삭제하고 집을 나와 역으로 가서 마침 승강장에 들어오는 전철을 타고 모르는 역에 내려 그 동네를 산책할 수도 있습니다. '나'에게는 그런 무수한 가능성이 열려 있어요. 그런데 반복되는 일상에 사로잡혀 있는 동안, '나'는 그런 사실로부터 눈길을 거둡니다.

쉽게 말해 우리가 살아가는 하루하루에 언제나 새로운 가능성이 열려 있다는 뜻입니다. 하이데거는 이를 '도래'라고 표현했어요. 한자로는 '다다를 도到'에 '올 래來' 자를 쓰죠. 왜 도래라고 했냐면 우리가 일상의 반복에서 벗어나 다른 가능성으로 '다가갈' 수 있기 때문입니다.

나아가 '일상'을 '도래'라는 사고방식으로 산다는 것은 지금까지 살아온 우리 인생에 다른 가능성이 있었다는 의미이기도 합니다. 다시 말해 같은 일의 반복이라고 여기고 지내온 나날도 사실은 다른 가능성이 열려 있었고, 어쩌면 '나'는 지금과는 다른 모습으로 인생을 살 수도 있었다는 것이죠.

일상이 단순한 반복이라고 여기는 한 우리 인생은 마치 바퀴 하나를 굴리며 달려 온 외길로 보입니다. 그런데 사실 그곳에는 스스로 알아차리지 못했지만, 수많은 문이 있었어요. 우리는 다른 가능성을 품은 문은 일부러 열지 않고 지금 이 모습의 인생을 산 것입니다.

이처럼 하이데거는 자기 인생에 다른 가능성이 있었음을 인정하는 것, 그럼에도 '이것이 내 인생이다'라고 받아들이는 것을 '기재'라고 불렀습니다. 지금 여기에 이미既 존재在하는 자신을 있는 그대로 받아들이는 것이죠.

● **SNS와 시간화**

하이데거는 '도래'와 '기재'가 하나가 된 현재의 모습을 '시간화('시숙時熟'이라고도 한다. ─옮긴이)'라고 부릅니다. 말이 좀 어려운데, 간단히 설명하면 이런 거예요. 하이데거는 째깍째깍 시곗바늘이 돌아가면서 흘러가는 시간이 아닌, 과거와 미래가 만나 내가 지금 살고 있는 이 '현재'가 깊어지고 성숙해지는 시간의 모습을 떠올린 겁니다. 그것이야말로 우리의 근원적인 시간이라고 생각하면서요.

다시 SNS 문제로 돌아가 볼까요? 우리가 인스타그램 스토리를 올리며 표현하려는 시간은 과연 어떤 것일까요. 하이데거라면 아마 이렇게 대답할 겁니다. "그것은 즉 우리가 시간화로서 경험하는 시간이다."

우리는 왜 사라질 줄 알면서도 스토리에 콘텐츠를 올릴까요. 그 콘텐츠를 계속 볼 수는 없다는 점, 영영 볼 수 없는 때가 온다는 점에서 우리가 실제로 살아가는 시간과 공명한다고 느끼기 때문 아닐까요?

인생은 똑같은 일의 반복이 아닙니다. 내일이 오늘과 같으리라는 보장은 어디에도 없어요. 오늘 일어난 일은 두 번 다시 반복되지 않을 수 있습니다. 그러니 우리는 오늘을, 이 순간을 단 한 번뿐인 사건으로, 더할 나위 없이 소중한 시간으로 받아들이려는 것 아닐까요? 인스타그램 스토리는 본래 시간이 존재하지 않아야 하는 SNS에서 이런 방식으로 우리 인생에 특유한 '일회성'을 주는 기능을 하는지도 모릅니다.

> 도래: 매 순간 새로운 가능성이 열려 있다.
>
> 기재: 지금 이미 여기 있는 자신을 받아들인다.
>
> 현재 = 도래 + 기재 ⇒ **시간화**

3장

SNS에서는 어떤 말이 오갈까?

'중얼거림'은 왜 혐오와 갈등을 유도할까요?
'중얼거림'이라는 언어 표현의 어떤 특징이 이런
문제를 일으킬까요?

2006년 세상에 나와 지금은 누구나 다 아는 글로벌 SNS로 성장한 트위터. 트위터의 가장 큰 특징은 올릴 수 있는 글자 수가 제한되는 점입니다. 이것으로 트위터는 블로그와 차별화되죠. 블로그에는 얼마든지 긴 글을 써서 올릴 수 있어요. 정보량이 풍부하다는 매력은 있지만, 쓰는 것도 읽는 것도 지칩니다. 한편 트위터는 가볍게 글을 올릴 수 있고 읽을 때도 순식간이죠. 이런 가뿐함, 캐주얼한 느낌이 트위터의 강점입니다.

트위터라는 이름은 '지저귀다'라는 영어 단어 'tweet'에서 왔습니다. 각양각색의 짧은 글이 타임라인에 넘쳐 나 마치 수많은 새가 짹짹 지저귀는 것 같은 모습. 이것이 트위터 창업자의 목표였을지도 모릅니다.

트위터에서는 가볍게 글을 올리고 읽을 수 있는 한편, 사용자끼리 곧잘 다툼이 벌어집니다. 어느 SNS나 그렇지만 유난히 말다툼이나 비방, 악플 사건이 자주 일어나는 것 같아요. 왜 트위터에서 이런 문제가 두드러질까요?

이번 장에서는 그 이유를 생각하며 트위터의 사례를 들어 SNS에서 어떻게 말이 오가는지 살펴보겠습니다.

우리는 왜 SNS에서 중얼거릴까?

●   **'지저귐'과
'중얼거림'의 차이

트위터에서 글을 올리는 것, 즉 트윗을 하는 걸 일본에서는 '쓰부야키つぶやき, 중얼거리다'라고 표현합니다. 트윗tweet이 '지저귀다'라는 뜻이니 완벽한 동의어는 아니어도 크게 다르지 않은 셈이죠. 다만 잘 생각해 보면 '지저귐'과 '중얼거림'에는 조금 차이가 있습니다.

새의 '지저귐'은 기본적으로 의사소통 활동이죠. 물론 새가 아니니 자세하게는 모르지만요. 분명 새도 새 나름대로 뭔가 전달하기 위해서 지저귈 겁니다. "야, 지렁이 먹으러 갈

래?", "오, 좋다!" 이런 식으로요. (진짜 이럴지는 모르지만요.)

한편 '중얼거림'은 기본적으로 자기 말을 타인에게 전달하고 싶지 않을 때 쓰는 말입니다. 크게 말하면 남들에게 전해질 텐데, 그러기 싫으니까 일부러 작은 목소리로 중얼거리는 거죠.

트위터에서의 '중얼거림'도 비슷한 의미로 이해하지 않을까요? 다시 설명하면, 사실 굳이 전하지 않아도 되거나 전할 필요가 없다고 생각하는 것을 중얼거린다는 거죠. 이런 방식이 공개적으로 글을 올린다고 할 때 따라오는 심리적 저항감을 낮추는 것 같기도 해요. 어차피 중얼거림에 불과하니 남에게 뭔가를 전달하려고 올리는 말도 아니고, 따라서 책임을 질 필요도 없다고 생각해서요. 그러니 가볍고 편하게 글을 올리는 겁니다.

● 왜 다른 사람의 '중얼거림'을 읽고 싶을까?

다만 이렇게 생각하면 '중얼거림'에는 모순적인 면이 있습니다. 중얼거림은 '나'의 생각을 드러내는데, 한편으로는 다른 사람에게 그 생각을 전달하고 싶진 않다는 것이죠. 이런 태도는 다른 사람이 그 글을 '어떻게 읽을 것인가'에도 영향을 미칩니다. 남의 '중얼거림'을 보더라도 반드시 어떤 반응을 하지는 않아도 된다는 거죠.

현실에서 중얼거리는 일을 떠올려 보면 비슷합니다. 여러분이 휴일에 친구들과 만나 점심 메뉴를 고민하다가 라면을 먹기로 했다고 해 보죠. 그런데 한 친구가 "나는 사실 햄버거가 좋은데……."라고 중얼거리더라도 뭐, 넘어갈 수 있습니다. 그 친구는 남들이 알아차려 주기를 원해서 한 말일지도 모르지만, 단순히 중얼거리기만 한 거니까요. 진심으로 햄버거를 먹고 싶었다면 "야, 그러지 말고 햄버거 먹으러 가자!"라고 큰 소리로 말하면 되니까요.

마찬가지로 트위터에서 '중얼거림'을 목격해도 우리는 일단 무시할 수 있습니다. 그 글이 자신과 뭔가 관련이 있거나, 그 문제에 대해 어떤 의견이나 감상을 품었더라도 읽는 사람에게는 반드시 반응을 보일 의무가 없습니다. 단순한 중얼거림일 뿐이니까요.

그렇다면 애초에 왜 우리는 남의 '중얼거림'을 읽고 싶을까요? 앞서 말했듯 중얼거림은 우리에게 뭔가 전달하는 것도 아니고 우리가 응답해야만 하는 것도 아닌데 말이에요. 게다가 글자 수도 한정적이어서 '중얼거림'에서 얻는 정보의 양은 현실에서의 대화나 책, 블로그 같은 다른 매체와 비교하면 한참 부족합니다. 그런 정보를 우리는 왜 나서서 받아들이려고 할까요?

아마도 그것이 다름 아닌 '중얼거림'이기에 그 속에 진심이 담겨 있다고 생각하는 게 아닐까요? '중얼거림'은 상대방에게 뭔가 전달하려는 의도가 없으니 상대방에게 맞춰 표현을 바꿀 필요도 없죠. 그러니 그 글에는 남을 위한 배려나 아첨, 거짓이 없다고 느끼는 겁니다.

물론 트위터의 글이 모두 진심이라는 보장은 없어요. 아니, 오히려 대부분 진심이 아니겠죠. 다만 '마치 진심인 것처럼 표현된다'는 점이 중요합니다. '중얼거림'으로 올라온 글은 진심인지 아닌지와 상관없이 진심'으로' 우리 눈앞에 나타납니다.

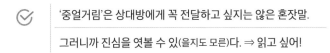

'중얼거림'은 상대방에게 꼭 전달하고 싶지는 않은 혼잣말.
그러니까 진심을 엿볼 수 있(을지도 모른)다. ⇒ 읽고 싶어!

▶ 진심과 겉치레

"중얼거림은 진심을 표현하는 말이다." 이를 뒤집으면 중얼거리지 않고 말할 때 우리는 반드시 상대방에 따라 '진심'을 편집하고, 상황에 따라 연기한다는 뜻이 됩니다.

이 자체는 나쁜 일이 아닙니다. 매끄럽게 소통하기 위해

선 어느 정도 연기가 필요하니까요. 그렇지만 '이 사람, 속으로는 다른 생각을 할지도 몰라.'라는 생각을 불러오겠죠. 일상 대화에는 늘 이런 겉치레가 자리합니다.

트위터는 그런 겉치레를 없애고 진심을 나타내는 플랫폼을 이상향으로 삼은 것 같아요. 물론 진심처럼 보이는 글에도 다양한 겉치레가 담겨 있어요. 그렇더라도 트위터는 진심을 꺼내어 말할 수 있는 곳으로 여겨지는 듯해요.

요즘 뉴스 방송을 보면 화면 한쪽에 SNS 화면과 비슷하게 텍스트를 나열해서 띄우거나 방송 내용과 연관 있는 트위터 글을 보여 주는 장면을 종종 볼 수 있어요. 무엇을 위해 이런 연출을 할까요? 아마도 시청자의 생생한 목소리를 반영한 방송을 만든다는 자세를 어필하기 위한 거겠죠.

물론 트위터 글을 가져왔다고 해서 사람들의 생생한 목소리를 담은 방송이라고 곧이곧대로 믿으면 곤란해요. 또 SNS의 목소리를 직접 반영한 뉴스 방송이 우리 사회에 바람직한지도 신중하게 생각해 봐야 하죠. 이 문제는 5장 'SNS에서 연대할 수 있을까?'(105쪽)에서 다뤄 보겠습니다.

 트위터는 **진심을 표출할 수 있는 곳**(으로 여겨진다).

⇒ **생생한 목소리를 어필하는 도구로도 이용된다.** (주의!)

중얼거림과 불판 깔기

◑ **무책임과 가벼움이
불러오는 불판**

'중얼거림'은 어떤 의미에서 무책임한 언어 활동입니다. 책임에서 자유롭다는 이유로 가벼운 마음으로 글을 올리고 읽도록 하죠. 그런데 다들 알겠지만 그런 무책임과 가벼움은 온갖 문제의 씨앗이 되기도 합니다.

트위터에서는 싸움이 나거나, 어떤 글에 비판이나 반론이 쏟아지기도 합니다. 이렇게 트위터상에서 분쟁이 일어나는 것을 '불판 깔린다'고 표현하기도 해요. 불판에서 불꽃이 주변을 휩쓸며 크기를 키우는 것처럼 SNS에서 벌어지는 문제도 많은 사람에게 영향을 주며 크게 확산되는 경향이 있습니다. 최근 들어 이런 SNS에서의 일이 실제 재판까지 이어지고, 직장에서 문제가 되기도 했어요. 어떻게 해야 문제에 휩쓸리지 않을지, 또 불판 깔릴 만한 상황을 피할 수 있을지 고민하는 위험 관리(나중에 일어날지 모를 위험이나 불이익을 최소한으로 낮추는 행동─옮긴이)가 필요한 이유죠.

개인적으로는 '중얼거림'에 큰 책임을 느끼지 않는 것을 비난하고 싶진 않아요. 그런 무책임과 가벼움이 트위터의 매력이라고 믿기 때문이죠. 그러나 아무리 '중얼거림'이더라도 올려선 안 될 내용은 있습니다. 대표적으로 혐오 발언과 가짜 뉴스입니다.

● SNS에 떠도는
혐오 발언과 가짜 뉴스

혐오 발언이란, 인종, 민족, 국적 등 특정한 무리의 사람을 공격하거나 그런 사람에 대한 차별을 부추기는 심각한 악담과 비방입니다. '증오 표현'이라고도 하는데, 넓게는 성별이나 신체 특징, 장애, 직업으로 누군가를 헐뜯고 차별하는 말도 혐오 발언에 들어갑니다.

서양에서는 백인이 흑인(이 '흑인'이라는 표현 자체에 이미 문제가 있습니다만)이나 아시아인에게 하는 혐오 발언이나 혐오 범죄(특정 대상에게 증오를 품고 저지르는 범죄)가 심각한 문제여서 매년 비참한 사건이 반복됩니다. 안타깝게도 일본의 상황도 비슷합니다.

과연 혐오 발언을 SNS에서 중얼거리는 것은 문제가 없을까요? 그렇지 않습니다. 누군가에게 전달하겠다는 의지가 없어도 그 발언을 보고 상처 받은 사람이 있다면 트윗을 쓴 사람이 책임을 져야 하죠.

가짜 뉴스도 마찬가지입니다. 가짜 뉴스는 현실에서 일어나지 않은 거짓 사건을 마치 사실인 듯 보도하는 것입니다. 가짜 뉴스에는 대부분 어떤 악의적인 의도가 숨어 있어요. 굉장히 충격적인(그러나 거짓인) 내용을 퍼트려서 자기 글의 조회수를 올리거나 자기가 믿는 사상에 뜻을 같이할 지지자를 늘리겠다는 의도죠. 가짜 뉴스 역시 트위터에 올리는 개인의 '중얼거림'이더라도 문제가 됩니다.

혐오 발언이나 가짜 뉴스로 보이는 내용을 최대한 세상에 퍼뜨리지 않는 방법이 있기는 합니다. 트위터라면 '잠금' 기능을 쓰면 됩니다. 잠금은 나를 팔로우한 사용자에게만 내 글이 보이도록 하는 기능이에요. 이렇게 하면 나의 중얼거림을 볼 수 있는 사람에 제한을 두어서 글이 온라인 세상에 무분별하게 퍼지는 일을 막을 수 있습니다. 이 기능을 쓰는 일을 보통 '계정을 잠근다'고 하고, 잠근 계정을 '비밀 계정(비계)'이라고 합니다.

단, 비밀 계정이라고 해서 뭐든지 올려도 된다는 건 아닙니다. 유명인이 자신의 비밀 계정에서 특정 사람에 대한 혐오 발언을 퍼붓다가 폭로돼서 엄청난 비판을 받은 일도 있거든요. 본인이 그 발언을 공개할 사람들에 제한을 두었는지와 관계없이 혐오 발언은 용납될 수 없고, 그 책임을 피할 수도 없습니다.

　온라인

● 악플은 왜 불쾌할까?

문제가 분명한 트윗에만 불판이 깔리는 것은 아닙니다. 상황에 따라 대수롭지 않게 말을 주고받던 중에도 말다툼이 격해지거나 서로를 헐뜯게 되기도 하죠.

트위터에는 다른 사람의 글에 답을 보내는 '답글' 기능, 다른 사람의 글이나 자신이 쓴 글을 한 번 더 올리는 '리트윗' 기능, 또 자기 의견을 추가해서 리트윗하는 '인용 트윗' 기능이 있습니다.

일반적인 '중얼거림'은 말하자면 혼잣말이에요. 누군가와 이어지기 위한 말이 아니죠. 반면에 이 세 가지 기능은 기본적으로 어떤 사람과 연결되도록 합니다. 그러니 트위터 세계에서 이 기능을 쓸 때는 아주 신중해야 해요.

예를 들어 불편했던 경험을 트위터에 중얼거렸다고 해봅시다. 그저 내 심정을 중얼거렸을 뿐이니까 거기에 대고 누군가 비판이나 반론은 물론이고 단순한 의문을 표현해도 귀찮을 수 있어요. '그냥 중얼거린 건데 왜 와서 난리야?'라는 생각이 들 수 있는 거죠.

속 좁아 보일지 모르겠지만, 자기 트윗을 놓고 '어떤 반응이든 진지하게 받아들이겠어.'라는 태도 자체가 이미 '중얼거림'을 벗어나는 일이에요. 어떤 반응에도 의연하려면

SNS에는 말을 가려서 올려야겠지요. 하지만 원래 트위터의 장점은 뭔가 번뜩였을 때 이런저런 것을 따지지 않고 가볍게 글을 올릴 수 있다는 점이었습니다. 내용을 가려 가며 글을 올려야 한다면 이러한 트위터의 매력은 사라지겠죠.

실제로 트위터 세계에서는 아무 생각 없이 올린 트윗에 엉뚱한 의견이나 질문이 쏟아지기도 하고, 말꼬리를 잡거나 심한 말을 하는 답글, 말하자면 '악플'이 몰려들기도 합니다. 게다가 악플을 다는 사람은 대부분 자기가 악플을 단다는 자각이 없어요. 그런데 악플을 받는 쪽은 반사적으로 불쾌한 감정을 느낍니다.

악플로 인한 불쾌감에는 그 내용뿐 아니라 자신의 글에 예상치 못한 반응이 달린다는 것 자체도 크게 작용합니다. 그런 불쾌한 느낌은 나의 '중얼거림'을 단순한 '중얼거림'으로 두지 않는 것, 혼잣말로 내버려 두지 않는 것에서 오는 것이 아닐까요? 이런 불쾌한 마음이 연료가 되어, 그 자체로는 대단치 않은 말다툼이었는데 어마어마한 불판이 깔리고 난리가 나는 광경을 트위터에서 자주 볼 수 있습니다.

'중얼거림'의 무책임과 가벼움.

⇒ 혐오 발언, 가짜 뉴스, 악플 테러

⇒ 불판 깔리기와 같은 문제 발생!

말과 규칙의 관계

자유로운 의사소통의 장처럼 보이는 트위터가 사실은 언제 불이 붙을지 모르는 살벌한 곳이기도 하다는 것을 알았습니다. 그런데 왜 트위터에서는 이토록 쉽게 불판이 깔리고, 갈등이 생길까요? '중얼거림'이라는 언어 표현의 어떤 특징이 이런 문제를 일으킬까요?

이 수수께끼를 풀기 위해 '도대체 말이란 무엇인가'라는 질문으로 거슬러 올라가 생각해 보죠.

● **비트겐슈타인:**
'아프다'는 말에는 아픔이 없다

우리는 보통 '말'에 대해 이렇게 생각합니다. 말로 표현하기 이전의 생각이나 감각이 내 안에 먼저 있고, 그 생각이나 감각이 그에 맞는 말로 바뀌어 상대방을 향해 전달된다고요. 내 안에 있는 생각이나 감각은 나만이 아는 나만의 것이고, 타인과 공유할 수 없습니다. 그런데 '말'은 남과 공유할 수 있죠. 이 말과 합체함으로써 내 속에 있던 생각이나 감각을 다른 사람과 나눌 수 있게 됩니다. 예를 들어 장롱 모서리에 새끼발가락을 찧었다고 해 봅시다. 곧장 "아파!" 하고 비명이

74

온라인

나오죠. 이때 아프다는 말은 내가 느낀 감각, 즉 통증이 언어로 번역된 거라고 볼 수 있어요.

그러니 왜 아프다고 말했는지 물으면, 그 대답은 이렇습니다. '나'가 '아프다'라는 말과 결합할 수 있는 아픔을 지녔기 때문이라고요. 이 아픔 자체를 타인과 공유할 수는 없어요. 아프다는 감각은 어디까지나 말로 표현하기 전에 존재하는 사적인 것이기 때문입니다. 그걸 타인과 공유하려면 아프다는 감각이 "아파!"라는 말로 바뀌어야 하죠.

혹시 '엥, 무슨 당연한 소리를 하지?'라고 생각했나요? 그렇게 생각하는 것도 당연합니다. 철학의 역사를 봐도 긴 세월 동안 '말'을 이런 식으로 받아들였거든요. 그런데 이런 생각에 문제가 있다고 지적한 인물이 있습니다. 영국을 중심으로 활동했고 '말'에 대해 현대 철학에 큰 영향을 미친 철학자 루트비히 비트겐슈타인(1889~1951년)입니다.

◖ '언어 게임'이라는 아이디어

우리는 어떻게 사적인 감각인 아픔을 "아프다."라는 말에 대응시키고 그 말로 표현할 수 있을까요? 비트겐슈타인은 이 의문에 혁명적인 답을 제시했습니다.

비트겐슈타인의 생각에 따르면 '나'의 생각이나 감각과 말 사이에는 원래 대응 관계가 없습니다. 그저 그때 그 자리의 규칙에 따라 "아프다."라고 말하는 것이 적절하니까 "아프다."라고 말하는 것입니다.

말과 말이 나타내는 의미에 아무런 대응 관계가 없다니! 이거야 원 기절초풍할 발상이죠.

더 자세히 말해 보자면 이렇습니다. 우리는 말할 때, 그 자리의 규칙에 따라 그때그때 가장 적절한 말을 골라서 합니다. 이 '규칙'이 중요해요. 우리가 어느 순간 어떤 말을 하는 이유는, 우리 내면에 그 말에 대응하는, 말하자면 딱 맞는 뭔가가 있어서가 아니라 그때는 그렇게 말하는 것이 최선이기 때문입니다. 정해진 의사소통의 규칙을 따르는 것이죠.

그러니 "우리는 어떻게 사적인 감각을 어떤 말에 대응시키고 표현해서 타인에게 전달할 수 있는가?"라는 질문은 애초에 소용없습니다. "우리는 우리가 느끼는 이 아픔과 '아프다'라는 문자를 어떻게 대응시킬 수 있는가?"는 애초에 밝힐 수 없어요. 다만, 그런 것을 몰라도 우리는 (보통 스스로 의식하지 못한 채) 규칙에 따라서 그 말을 고르고 써서 타인과 대화할 수 있습니다. 아무런 거리낌 없이요.

비트겐슈타인은 이렇게 일정한 규칙에 따라서 오가는 말의 양상을 '언어 게임'이라고 불렀습니다. 이것은 우리가

온라인

말에 품은 이미지를 크게 뒤흔드는 발상입니다. 동시에 일상적으로 오가는 말이 어떻게 성립되는지 멋지게 설명해 주는 생각이기도 하죠.

　장롱 모서리에 새끼발가락을 찧었을 때를 한 번 더 생각해 보죠. 그때 여러분은 "아파!"라고 말했지만, 어딘가에 새끼발가락을 찧은 모든 상황에서 반드시 "아파!"라고 외치진 않습니다. 만약 중요한 분과 대화를 나누고 있어서 예의 바르게 굴어야 한다면, 어쩌다가 장롱 모서리에 발가락을 찧어도 결코 "아파!" 하고 소리 지르지 않을 겁니다. 심각한 재난이 일어나서 허둥지둥 집을 나와 대피할 때, 장롱 모서리에 새끼발가락을 찧어도 "아파!"라는 소리는 안 나오죠. 우선은 서둘러서 달려 나갈 겁니다. 혹은 복도를 걷다가 모퉁이를 돌았는데 장롱이 놓여 있어서 새끼발가락을 찧고 심지어 넘어질 뻔했다면, 오히려 "누구야! 이런 곳에 장롱을 놓은 사람!"이라고 외칠지도 모릅니다.

　어떤 상황에서는 "아파!"라고 말하는데 다른 상황에서는 그렇게 말하지 않아요. 왜 그럴까요? 만약 '말은 그에 맞는 사적인 감각과 결합해 표현되는 것'이라고 본다면, 그 이유를 설명하기 어렵습니다. 매번 같은 반응이 나와야 할 테니까요. 반면에 언어 게임 이론에 따르면 간단합니다. 즉, 우리는 말을 사적인 감각과 대응시켜서 말하는 것이 아니라 자신이 놓인 상황에 따라 그때 가장 최선의 액션이 될 말을 하는 것에 불과하다는 뜻입니다.

다만 주의해야 할 점이 있어요. 언어 게임에서 우리가 따르는 규칙은 단 한 가지가 아니라는 것입니다. 처음부터 이런 규칙은 공식과 비공식의 구별도 없고 규칙을 정리한 안내서도 없어요. 분명 규칙은 있지만, 그 규칙은 헤아릴 수 없이 다양하며 시시각각 변화합니다.

> ✓ 사적인 감각(아픔)과 말("아파!")은 대응하지 않는다.
> '언어 게임' 규칙에 따라 가장 적절한 말을 할 뿐이다.

◗ 고난이도 언어 게임이 펼쳐지는 SNS

비트겐슈타인의 말대로라면, 트위터에서 벌어지는 의사소통은 사실 매우 복잡한 언어 게임이라고 볼 수 있습니다.

트위터의 '중얼거림'은 '혼잣말'이라는 형태로 나옵니다. 게다가 140자라는 글자 수 제한이 있어서 담긴 정보는 매우 단순하죠. 어떤 의도와 어떤 맥락 속에서 한 말인지 배경이 잘 보이지 않습니다.

그러니 '중얼거림'을 본 사람은 그걸 자기 상황에 맞는 규칙에 따라 해석하고 반응합니다. 무슨 스포츠를 하는지 모르는 상태에서 상대방이 던진 공을 자신이 생각하는 스포츠 규칙에 따라 받아치는 상황으로 비유할 수 있겠어요. 만약 여러분이 야구를 한다면 방망이로 칠 테고, 배구를 한다면 강한 리시브로 받겠죠.

당연히 그런 반응은 상대방 쪽에서 볼 때 부적절해 보일 수 있어요. 상대방은 축구를 할 생각이었는데 그 공을 방망이로 쳤을 수도 있다는 말이에요. 트위터상의 갈등 대부분은 이와 같은 언어 게임의 오해 때문에 생긴 것 아닐까요?

팔로워가 100명인 사람의 트윗이 팔로워 10만 명인 사람에게 리트윗이 되었다고 해 보죠. 그러면 그 트윗이 담은 의미가 크게 달라집니다. 역시 스포츠로 비유하면, 친구와 함께 체육공원에서 축구를 하다가 마법에 걸려 갑자기 관중으로 꽉 찬 축구장으로 순간이동을 한 거예요. 친구 앞이니까 했던 장난스러운 플레이도 축구장 한가운데에서 하면 부적절하다고 야유를 받을지 모르죠. 이 역시 언어 게임의 규칙이 급변해서 생기는 문제라고 볼 수 있습니다.

비트겐슈타인은 철학의 역할을 '벌레 통에 잡힌 파리에게 출구를 제시하는 것'이라고 설명했습니다. 어떤 문제 때문에 골치가 아플 때, 우리는 보통 문제 자체가 어려워서 답을 찾지 못한다고 생각하죠. 비트겐슈타인은 그 문제를 생각하는 데에 필요한 적절한 말을 사용하지 못하는 것이 골치 아픈 진짜 이유라고 생각했습니다. 잘못된 말로 생각하기에 우리는 벌레 통 안에서 헤매는 파리처럼 갈 곳을 잃고 제자리에서 빙빙 돌고 있어요. 여기에서 탈출하려면 문제 해결을 서두를 것이 아니라 좀 더 적합한 말로 생각해야 합니다. 팔짱을 끼고 깊이 고민에 잠기기 전에 우선 말을 유연하게 사용할 줄 알아야 하죠.

　SNS를 할 때도 이렇게 주의를 기울여야 할 거예요. 어떤 글을 봤을 때 '무슨 소리를 하는지 아주 분명하고, 이해가 잘 되네.'라고 생각하더라도 알고 보면 올린 사람은 그 말에 '나'로서는 상상도 못 할 의미를 담았을지 모릅니다. 똑같이 공을 차도 '나'와 다른 사람이 따르는 규칙이 전혀 다를 수 있어요. SNS란 그런 가능성이 서려 있는, 매우 어려운 언어 게임이 펼쳐지는 곳입니다.

SNS는 상대방의 규칙을 읽기 어려운

몹시 복잡한 '언어 게임'의 장.

⇒ 온라인 속 갈등 대부분은 언어 게임의 규칙을

오해하기 때문에 생기지 않을까?

　　　　　　　　　　　　　　　　온라인

4장

SNS에

우연이 있을까?

내가 보고 싶은 것만 보고 내가 알고 싶은 것만 알려는
한 우리 시야는 점점 좁아집니다. 게다가 알고리즘은
우리가 보고 싶고 알고 싶다는 의지를 채 품기도 전에
우리에게 그런 정보를 보여 줍니다.

얼마 전에 인터넷에서 손목시계를 샀습니다. 직접 손목에 차 보고 살지 말지 판단할 수 있다면 좋았겠지만, 온라인 매장에서만 파는 시계였죠. 어쩔 수 없이 인터넷에서 꼼꼼히 검색하고, 상품평을 살핀 끝에 구입을 결정했습니다. 지금 그 시계는 제 단짝이 되어 손목을 차지하고 있어요. 그거까진 좋은데, 사실 그 후로 제가 인터넷만 접속하면 화면에 계속 시계 광고가 뜹니다. 이미 시계는 산 지 오래인데, 무의미한 광고가 자꾸 뜨니까 아주 성가십니다.

이렇게 광고가 표시되는 이유는 검색 엔진이 제가 검색한 이력을 학습해서 원할 만한 정보를 우선으로 화면에 보여주기 때문입니다. 지금까지의 검색 키워드에 따라 앞으로 검색하리라 예측되는 정보를 우선해서 표시하는 것이죠.

이를 최적화 알고리즘이라고 합니다. 알고리즘이란 컴퓨터에서 이루어지는 계산이나 처리 순서예요. 여러분이 구글이나 네이버 같은 검색 사이트에 접속하면 알고리즘이 자동으로 동작해 여러분의 인터넷 기록에 맞춘, 다시 말해 '최적화'된 광고를 띄우는 구조입니다.

SNS에도 사실은 같은 시스템이 갖춰져 있습니다. 여러분이 SNS에서 보는 콘텐츠, SNS에서 만나는 계정은 처음부터 여러분의 취미와 관심에 맞춰서 표시됩니다. 그런데 이런 식이라면 SNS에서는 우리가 전혀 예측할 수 없는 사건, 다시 말해 우연한 만남이 생길 수 있을까요?

알고리즘을 통해 정보를 접하는 것이 우리 생활에서 무엇을 의미하는지, 우리 인생의 우연성과 함께 생각해 봅시다.

SNS에서 작동하는 알고리즘

● 　내 취향을 만드는
　　SNS의 알고리즘

SNS에서 알고리즘은 어떻게 작용하고 있을까요?

인스타그램에서는 어떤 계정을 팔로우하면, 그와 비슷

　　　　　　　　　　　　　　　　　　온라인

한 성격의 다른 계정들의 글을 우선적으로 보여 줍니다. 최근에 저는 어떤 브레이크 댄서의 계정을 팔로우했는데, 순식간에 제 타임라인이 각종 브레이크 댄서들의 영상으로 채워졌어요. 덕분에 빙글빙글 돌아가는 춤사위로 타임라인이 한창 활기찼었죠.

한편 트위터에서는, 팔로우하는 사람들의 트윗 중에서도 평소 답글이나 리트윗, '마음' 등의 교류가 잦았던 사용자의 트윗, 또는 많은 사람이 조회하고 리액션한 트윗이 우선해서 나타납니다. 또 어떤 계정을 트위터에서 검색하면 이후 그 계정이 우선해서 표시되는 것 같아요. 타임라인의 제일 위에 표시되어서 조금 전에 올라온 트윗인 줄 알았는데, 사실은 며칠 전에 올라온 트윗인 경우도 종종 있습니다.

이런 최적화 알고리즘은 SNS에서 인간관계의 확장에 직접적인 영향을 줍니다. 예를 들어 인스타그램이나 페이스북에서는 여러분의 친구와 친구 관계에 있거나, 같은 사진에 태그되어서 어떤 연결 고리가 있다고 예상되는 사용자를 '알 수도 있는 사람'으로 추천해 줍니다.(꼭 그런 사람일수록 SNS에서는 연결되기 싫은 사람인 경우가 많아요.)

이런 알고리즘은 일반적으로 여러분이 지금 좋아하는 것과 관심을 기울이는 것을 앞에 가져오고, 싫어하는 것과 관심 없는 것은 멀어지게 하는 시스템이라고 볼 수 있어요.

알고리즘을 통해 여러분에게 가치 있는 정보를 타임라인에 올려서 SNS에 접속하는 빈도나 머무는 시간을 늘리는 것이 SNS를 운영하는 회사의 노림수일 거예요. 기업 전략으로는 합리적입니다.

그러고 보니 최근에 술에 취한 채 인터넷에서 냉동 감자 튀김을 대량으로 산 적이 있는데,(주문한 기억이 없어서 도착했을 때 깜짝 놀랐어요.) 알고리즘은 제가 감자튀김을 어지간히 좋아한다고 판단했나 봅니다. 며칠에 한 번씩 냉동 감자튀김을 추천하기 시작했거든요. 취향을 잘 알아주는 것 같아도 이렇게 보면 참 허당입니다.

● SNS에서 접하는
　　최신 뉴스

여러분은 평소에 뉴스를 챙겨 보는 편인가요? 본다면 어디에서 보나요? 예전에는 새로운 소식을 신문으로 접했죠. 하지만 최근에는 신문은커녕 텔레비전에서 뉴스를 보는 사람도 드뭅니다. 인터넷 사이트에서 뉴스를 보는 것이 당연해지는 추세이죠. 또한 SNS 네이티브 세대인 여러분은 굳이 뉴스 사이트에 접속하는 일도 없을 거예요. SNS 타임라인에 흘러 들어오는 정보를 통해 뉴스를 접하지 않나요?

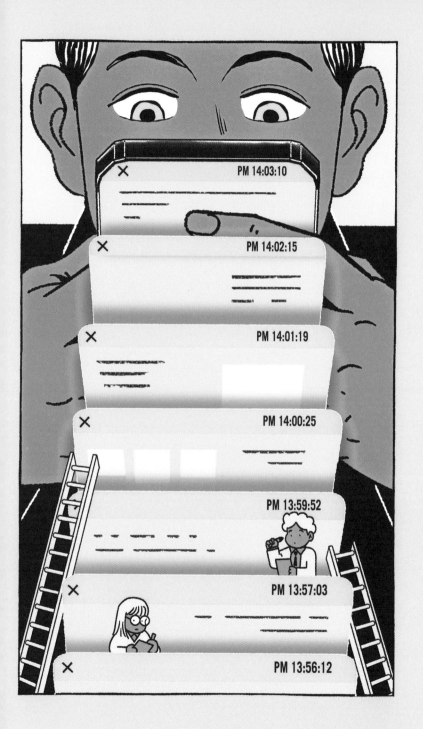

지진이나 흉악 범죄 같이 긴급한 사건이 벌어지면 트위터 같은 SNS에서도 많은 사람이 그에 대해 이야기합니다. 많은 사람이 얘기하는 만큼 타임라인에 제일 먼저 뜨곤 하죠. 또 급박한 사건이 아니더라도 많은 사람이 읽거나 반응한 뉴스는 이른바 '트렌드'가 되어 일부러 검색하지 않아도 홈 화면에 표시됩니다.

그러니 무심코 SNS에 접속하더라도 화제가 된 뉴스가 여러분에게 직접 찾아옵니다. 그때 보이는 뉴스는 일정한 알고리즘에 따라 여러분 각자에게 가치 있다고 여겨지는 정보가 이미 취사선택된 것이죠.

이렇게 여러분에게 도착하는 뉴스는 종이 신문 기사와는 전혀 다른 성질을 지닙니다. 신문이라면, 그날 1면에 톱뉴스로 어떤 기사를 실을지 신문사가 판단합니다. 여러 뉴스 가운데 무엇을, 어느 정도로 중요하게 다룰 것인지 역시 신문사가 정하죠. 그 판단을 좌우하는 것은 알고리즘이 아니라 '이 사회에 무엇이 중요한가? 무엇이 우선해야 할 정보인가?'라는 신문사의 가치관입니다.

종이 신문은 분량에 한계도 있습니다. 지면이 정해져 있으니 정보를 한없이 싣지 못하죠. 그래서 중요한 정보와 그렇지 않은 정보를 가려내야 하고, 이를 판단하는 과정에서 신문사가 품은 신념이 나타납니다. 물론 독자가 어떤 정보를 궁금해하는지 또한 고려해요. 하지만 '우리는 지금 사회에 이 문제가 중요하다고 생각한다.'라는 의견이 없으면 좋은 신문사라고 할 수 없습니다. 독자는 그런 신문사의 감각을 신뢰하고, 가치를 느껴 그 신문을 구독합니다.

한편 SNS에서 알고리즘에 따라 표시되는 뉴스는 누가 신념으로 선택한 것이 아닙니다. 단순히 많은 사람이 보니까 화면에 표시되었을 뿐이죠. 그런데 많은 사람이 보고 관심을 품는다고 해서 그것이 가장 중요한 뉴스라고 할 수는 없습니다.

예를 들어 정부 정책에 관한 복잡한 이야기는 배경지식이 없으면 쉽게 이해하기 어렵죠. 어떤 중요한 정책이 바뀌었다는 뉴스가 나와도 그 내용이 어렵다면 많은 사람들이 찾아서 보지는 않을 겁니다. 그래도 우리 사회에 아주 중요한 정보가 분명하죠. 그렇지만 많은 사람이 봐 주지 않는 뉴스는 SNS 알고리즘에서 가치가 없다고 판단해 화면에 잘 표시하지 않습니다. 그 결과 SNS를 통해 뉴스를 접하는 사람에게 도착하지 못하죠.

내가 보고 싶은 것만 보고 내가 알고 싶은 것만 알려는 한 우리 시야는 점점 좁아집니다. 게다가 알고리즘은 우리가 보고 싶고, 알고 싶다는 의지를 품기도 전에 우리에게 맞춤형 정보를 보여 줍니다.

알고리즘과 우연성

● 일상에서 벌어지는
　　우연한 만남

지금까지 알아본 알고리즘의 최적화는 우리와 정보의 관계를 어떻게 바꿀까요?

　책을 살 때를 상상해 봅시다. 저는 서점에 자주 가는 편이에요. 쉬는 날 마음 가는 대로 서점을 어슬렁거리는 걸 최고로 좋아하거든요. 오프라인 서점의 매력은 누가 뭐래도 진열된 수많은 책을 구경하고, 선반에 놓인 책을 집어 들어 팔랑팔랑 넘겨 볼 수 있다는 겁니다. 한번 서점에 가면 살 계획이 없던 책까지 사 오곤 해요. 미처 몰랐던 책과 우연히 만났기 때문입니다.

　잠시 개인적인 이야기를 해 보자면 저는 한스 요나스라

는 철학자를 연구하는데요. 제가 요나스와 만난 계기도 서점에서 우연히 그의 책을 집어 든 덕분이었습니다. 어느 날 철학 코너에서 주목할 만한 신간으로 소개된 요나스의 책을 만났거든요. 페이지를 넘겨 봤다가 '이거다!' 하고 느낌이 왔고, 큰 충격을 받았습니다. 지금도 그때 그 기분이 선명하게 되살아날 정도예요.

종종 그때 서점에 가지 않았다면 어땠을지 상상합니다. 그날 그 서점에 방문하지 않았다면 요나스를 알 기회가 없었을지도 모르고, 연구자가 되지 않았을 가능성도 있죠. 그때 저는 교직 과정을 이수하고 있었으니 어쩌면 고등학교 교사가 되었을 수도 있어요. 그 인생도 물론 멋졌겠죠. 그렇지만 그 서점에서 요나스의 책과 우연히 만난 것이 제 인생을 크게 바꾸었던 것은 부정할 수 없습니다.

그런데 알고리즘이 작동하는 온라인 세상에서는 책과의 만남이 전혀 다른 방식으로 이루어집니다. 글로벌 쇼핑몰인 아마존Amazon에 접속해 책을 살 때, 우리는 좋아할 가능성이 높은 책을 추천받습니다. 그리고 그중에서 살 책을 고르지요. 당연히 '땡!' 하고 취향을 벗어날 가능성은 줄어들겠지만, 동시에 인생을 크게 바꿔 줄 책과 만날 가능성도 줄어듭니다. 인생을 바꿀 책이란 지금까지 고르던 책과는 다른, 그렇기에 아주 새로운 책이라고 생각하거든요.

알고리즘에 따라 정보를 접하면, 그 정보가 자신을 크게 바꾸는 일은 웬만해선 없습니다. 오히려 '지금의 나'를 강화하죠. 원래 관심 있는 것, 좋아하는 것, 알고 싶다고 생각한 것만 만날 수 있으니까요. 그렇지 않은 정보는 '나'에게 '땡'일 위험성이 있으니 시간 낭비에 돈 낭비로 보일 수도 있어요. 알고리즘의 맞춤형 콘텐츠는 그런 헛수고를 피하고 싶다는 욕구를 충족해 줍니다.

◑ 알고리즘은 우연성을 지운다

조금 딱딱하게 표현하면 '알고리즘은 우연성을 배제한다'고 말할 수 있습니다. 알고리즘은 주어진 데이터를 바탕으로 여러분을 분석하고, 각자에게 맞는 맞춤형 정보를 제공합니다. 여러분이 접하는 정보는 어떠한 이유가 있어서 선택된 것이죠. 여러분이 보는 화면 안에 이유 없이 어쩌다 흘러들어 온 정보는 없습니다.

만약 여러분이 온라인 서점에서 스포츠 만화를 엄청나게 많이 구매한다면, 알고리즘은 이렇게 생각할 거예요. '이 사람은 이런 장르의 만화를 아주 좋아하는구나. 그렇다면 최근에 나온 같은 계열의 만화를 보여 주면 구입하겠지?' 그러고는 여러분을 위한 추천으로 다른 스포츠 만화들을 보여 주겠죠. 이 결과에 우연성은 존재하지 않습니다.

우연성이란 '그 사건이 일어나지 않을 수도 있었는데 어쩌다 보니 일어났다'는 의미입니다. 오프라인 서점에서 책과 만나는 경우가 전형적인 예시죠. 어느 날 여러분이 서점에서 어떤 책을 발견했다고 해 봅시다. 그 만남은 어쩌면 일어나지 않았을 수도 있어요. 만약 서점 직원이 그 책을 다른 곳으로 옮겼거나, 여러분이 다른 코너로 걸어갔다면 그 책과 만날 일이 없었겠죠.

인간관계도 마찬가지입니다. SNS에서 어떤 사용자를 아는 사이일지도 모른다고 추천할 때 그 추천은 SNS가 여러분의 활동에서 읽어 낸 친구 관계나 취미, 관심 분야를 근거로 한 것입니다. 알고리즘은 여러분이 그 사람에게 틀림없이 관심 있을 거라 생각하죠. 우리는 알고리즘의 추천 범위 안에서 다른 사람과의 만남을 이어 나갑니다.

현실 세계의 만남에서는 이러한 알고리즘이 작용하지 않아요. 학교에서 우연히 같이 임원을 맡게 되거나, 길을 잃고 헤매다가 우연히 마주치거나, 바에서 술을 마시는데 우연히 옆에 앉는 일로 누군가와 우연한 만남이 이루어지죠. 나와 그 사람은 그때 전혀 다른 곳에 있을 수 있었는데도 우연히 만난 거예요.

● **도박과 책임**

알고리즘이 작용하지 않는, 우연성이 가득한 세계에서는 결과를 장담할 수가 없습니다. 잘못 선택해서 원하지 않던 '땡'이 나올 수도 있죠. 그런 의미에서 알고리즘 시스템을 벗어나 무언가를 선택하는 것은 언제나 도박이라고 할 수 있습니다.

또한 일반적으로 뭔가를 선택할 때는 그 선택을 하지 않을 가능성도 열려 있습니다. 서점에서 어떤 책을 보더라도 집어 들지 않을 수 있죠. 그래도 '왠지 신경 쓰이니까' 그 책을 집었을 때 '나'에게는 일종의 책임 감각이 생깁니다. 말하자면 '누구의 강요도 없이 내 의지로 그 책을 골랐다.'는 확신을 가질 수 있어요.

우연성을 배제한 알고리즘은 이런 '도박'과 '책임'을 배제합니다. 알고리즘이 제안하는 선택지만 계속 고르다 보면 '땡'이 절대 안 나왔으면 좋겠다는 욕구가 충족됩니다. 도박의 요소가 사라졌으니까요. 한편으로는 주어진 선택지 안에서 무언가를 고를 때 주체적으로 책임 있게 고른 것이 아니라는, 이른바 '선택당했다'는 인식이 생길 겁니다.

알고리즘을 따르지 않는 현실 만남에는 '땡'도 있습니다. 우연히 친해진 사람이 나중에 알고 보니 성격이 너무 나빠서

온라인

첫 만남에 말을 건 것 자체를 후회할 수도 있어요. 또는 그런 상황을 경계해서 모르는 사람과 아예 말을 섞지 않는 사람도 있겠죠. 그렇다고 해도 서점에서 책을 만나는 일처럼 '도박'과 '책임'이 따라오는 우연한 만남이야말로 새로운 경험을 주지 않을까요? 우연히 만난 사람과의 관계성에서 그때까지 생각하지 못했던 전혀 새로운 가능성이 열리는 경우도 많습니다.

 우연성이란 어쩌다가 생기는 것.
결과가 '땡'일 가능성도 있으나, 새로운 만남도 있다.

나 자신을 창조하다

◐ 사람의 행동을
예측할 수 있을까?

그렇다면 최적화 알고리즘의 배경에는 어떤 사상이 깃들어 있을까요? 아마 사람이 좋아하는 것에는 일정한 패턴이 있고, 그 패턴을 학습하면 그 사람의 행동을 예측할 수 있다는 생각일 겁니다.

누군가의 행동을 예측하기 위해선 토대가 되는 아주 많은 양의 데이터베이스가 필요합니다. 우선 사람들이 무엇을 검색하고, 어떤 사이트에 접속하고, 무엇을 사는지 파악해야 하죠. 그 데이터베이스에서 사용자가 각자의 특징에 따라 어떤 행동을 보이는지 패턴을 분석하는 겁니다. 여러분도 그 분석의 일부가 되어 행동을 예측당합니다.

아주 큰 관점에서 보면, 이런 생각은 세계를 과학적으로 파악할 수 있다는 태도와 일맥상통해요. 과학은 이 세계에서 일어나는 일을 법칙에 따라 설명하려고 합니다. 모든 자연 현상을 설명할 수 있는 일반적인 법칙을 풀어서 밝히는 것을 이상적으로 여기죠. 그 법칙을 해명하면 앞으로 일어날 모든 자연 현상을 완전하게 예측할 수 있을 테니까요.

일기 예보를 비롯한 이러한 과학적 예측은 아직 완벽하지 않지만, 우리 일상의 중요한 부분이 되었습니다. 그러나 과학적으로 설명된 자연 현상은 개성을 잃습니다. 예를 들어 비가 오는 법칙을 완전히 밝혀내면 오늘 내린 비를 보고 내일 비가 내릴지 예측할 수 있겠죠. 이 법칙 속에서 오늘 내리는 비와 내일 내리는 비에는 차이가 없습니다.

하지만 우리는 같은 비 오는 날이더라도 다른 느낌을 받곤 합니다. 강수량이 똑같더라도 오늘 비는 왠지 구슬픈 느낌이라 쓸쓸할 수 있고, 다음 날 내린 비는 왠지 친근하고 다정한 느낌일지 모릅니다. 이런 식이면 오늘 비와 내일 비가 전혀 다를 수 있어요. 비에도 개성이 있는 거죠. 그런데 비를 과학적으로만 설명하려고 하면 곧바로 이런 차이를 잃습니다. 법칙에 환원되어 그때그때 비가 지닌 개성을 잃고 마니까요.

무슨 소리인가 싶다면, 음악으로 설명해 볼게요. 여러분은 어떤 음악을 좋아하나요? 좋아하는 노래를 듣더라도 오늘 들을 때의 기분과 내일 들을 때의 기분은 전혀 다를 수 있습니다. 또 어떤 곡을 백 번 듣는다고 할 때, 내내 같은 기분으로 듣다가도 백 번째에서 전혀 다른 기분이 들 수도 있죠. 이처럼 음악을 듣는 체험 한 번 한 번에도 개성이 있습니다. 그런데 알고리즘의 행동 예측은 그러한 개성을 전부 무시합니다.

이 문제를 날카롭게 통찰한 철학자가 있습니다. 바로 프랑스의 사상가 앙리 베르그송(1859~1941년)입니다.

● 베르그송: 미래는 예측할 수 없고 생명은 창조적 진화를 거친다

베르그송은 이 세상을 단순히 과학적으로 설명하려는 사상을 날카롭게 비판했어요. 그러면 이 세상을 추상적으로 바라보게 될 뿐, 구체적인 모습을 파악할 수 없다면서요. 그렇다고 이 말이 곧 과학이 틀렸다거나 신뢰할 가치가 없다는 뜻은 아닙니다. 다만 베르그송은 이 세상에는 그러한 방식으로 파악할 수 없는 게 있다고 생각했어요.

우선 이 세계를 추상적으로 보는 것과 구체적으로 보는 것에 어떤 차이가 있는지 생각해 봅시다. 제일 먼저 '미래를 예측 가능한 것으로 파악하는가, 아니면 예측 불가능한 것으로 파악하는가'의 차이로 설명할 수 있어요.

날씨에 관한 과학적 지식이나 데이터를 동원하면 내일 비가 올지를 예측할 수 있죠. 이때 예측하는 것은 말하자면 '추상적인 비'입니다. 다시 말해 조건이 맞는다면 내리는, 언제 어디서 내리든 같은 가치를 지닌 비입니다. 반면에 '구체적인 비'는 '나'에게 개성적으로 다가옵니다. 그런 개성은 과학적으로 예측할 수 없죠. 내일 내릴 비의 양을 과학적으로 예측할 수는 있어요. 하지만 우리가 그 비를 어떻게 경험할지는 예측할 수 없다는 겁니다.

'예측 불가능하다'는 말은 곧 그것이 '우연히 발생한다'는 의미입니다. 쉽게 말해 발생하지 않을 수도 있고, 꼭 발생해야 할 이유도 없는데 어떤 일이 일어나는 거죠. 이렇게 구체적인 모습을 바라볼 때 세계는 우연의 연속처럼 보입니다. 다음 순간에 어떤 일이 벌어질지 전혀 알 수 없는 그런 세계

온라인

말이에요.

베르그송은 이 세계에 깃든 우연성을 먼저 내세우지 않고는 설명할 수 없는 현상이 있다고 봤습니다. 베르그송이 예로 든 건 생명 진화였어요. 생명은 똑같은 모습으로 머물지 않고, 시간을 들여 변화하고, 때때로 믿을 수 없는 형태를 획득해 왔습니다. 베르그송은 생명이 때때로 보여 주는 이런 우연적 변화를 '창조적 진화'라고 불렀습니다.

과학적 세계관을 따른다면, 생명 진화를 포함해 이 세상에서 일어나는 모든 일이 어떤 법칙을 따라야만 하죠. 그런데 현실 세계에서는 법칙으로 환원할 수도, 누구도 예측할 수도 없는 일이 생깁니다. 그래서 전에 없던 새로운 일과 불가능하다고 여겼던 일까지 생겨나지요.

● **나도 알 수 없는**
　　내일의 나

베르그송은 이런 예측 불가능한 창조적 진화가 우리를 둘러싼 외부 세계의 대상뿐 아니라 우리 자신에게도 일어난다고 생각했습니다. 이건 무슨 의미일까요?

사람들은 보통 초등학생 시절의 '나'도 현재의 '나'와 같은 존재라고 생각합니다. 아마 '나'라는 변하지 않는 실체가

있고, 세상에 나온 뒤로는 유치원, 초등학교 등을 차근차근 거쳐 여러 상황을 겪으며 현재에 이르렀다고 이해할 거예요. 비유하자면 '나'를 하나의 공이라고 할 때 그 공이 놓인 방은 시간에 따라 바뀌어도, 공은 늘 같은 공이라고 생각하는 것과 비슷합니다.

이는 '나'를 단순한 물건처럼 여기는 사고방식이고, 그런 의미에서 과학적인 견해라고 할 수 있어요. 반면에 베르그송은 인간은 어디까지나 생명이며 단순한 물건이 아니라는 점을 강조했습니다. 생명이 있는 이상 '나' 또한 예측 불가능한 창조적 진화를 이루죠.

더 쉽게 표현하면, 내일의 내가 어떤 사람인지 우리 자신도 알 수 없다는 겁니다. 내일의 내가 이 세계를 어떻게 느끼고 어떤 기분으로 하루를 보낼지 예측할 수 없어요. 흐르는 시간 속에서 우리의 존재는 늘 새로워지고, 달라지기 때문입니다.

그렇다고 여러분이 매 순간 전혀 다른 인격체가 된다는 의미는 아니에요. 어제의 '나'와 오늘의 '나', 내일의 '나'는 분명 제각각 다르게 존재하지만, 우리는 기억을 통해 시간의 흐름을 우리 안에 간직할 수 있습니다. 이것이 베르그송의 생각입니다.

우리는 매 순간 새로운 존재인 동시에 지금까지의 발자

취를 '기억'이라는 형태로 지닌 채 계속해 새로워지는 존재라는 것이죠. 베르그송은 이러한 기억에 깃드는 시간 본연의 모습을 '지속'이라고 부릅니다.

SNS를 지배하는 최적화 알고리즘은 이처럼 살아 있는 인간의 구체적인 시간을 제대로 파악하지 못해요. 알고리즘은 그때그때 파악한 '나'의 데이터를 근거로 삼아 '나'가 어떤 상황에서든 똑같은 취향을 갖고 똑같은 것에 관심을 기울일 거라고 여깁니다. 그리고 지금까지 관심을 기울인 것에 앞으로도 관심을 기울일 거라 여기며 동작하죠. 진실은 이와 다릅니다. 우리는 어제까지 관심 있던 대상에 오늘은 관심을 잃을 수 있고, 오늘은 관심 없었던 일에 내일 갑자기 관심이 생길 수도 있으니까요. 이것이야말로 생명의 창조적 진화입니다.

그렇다고 "SNS를 지배하는 알고리즘 때문에 우리는 자기 자신을 창조할 기회, 즉 지금까지와 다른 새로운 존재가 될 기회를 빼앗기고 있어요! 그러니 다들 SNS를 접도록 해요." 같은 주장을 하려는 것은 아닙니다. 우리는 앞으로도 알고리즘이 제공하는 우연성 없는 세계에서 지금까지와 비슷한 사람과 친구가 될지도 몰라요. 지금까지와 비슷한 영상을 보고, 지금까지와 비슷한 음악을 들을 수도 있죠. 중요한 건 그 체험이 저마다 다르다는 것입니다. 또 우리가 어떤 경험을 할지는 실제로 체험하기 전까지 몰라요. 알고리즘도 정복하지 못하는 생명의 예측 불가능성과 근본적인 우연성이 우리 안에 잠재하는 덕분이죠.

 '나'는 매 순간 **새로운 존재**.

지금까지의 발자취를 **기억**으로 보유하고 갱신한다.

그걸 **지속**하는 '나'는 알고리즘이 설명하지 못한다!

5장

SNS에서
연대할 수 있을까?

해시태그를 매개로 한 연대 안에 들어갔을 때, 우리는 거기에 어떤 사람이 참가하는지, 또 저마다 무슨 말을 하는지 한눈에 보는 것은 거의 불가능합니다.

SNS의 가장 큰 특징은 다양한 사람과 연결되는 것입니다. 평범하게 지냈다면 결코 만날 수 없었을 사람들의 의견이나 생각을 접할 수 있고, 그들과 교류를 시작할 수도 있습니다. '이런 입장의 사람들은 이런 문제에 이런 의견을 갖는구나.' 하고 깨닫는 것도 SNS의 매력 중 하나이죠.

좋은 점은 이뿐만이 아닙니다. 우리는 SNS에서 의견이 같은 사람과 힘을 모아 정치적인 활동을 할 수도 있습니다. 정치적 활동이란 사회에서 느끼는 문제에 비판의 목소리를 내고, 이를 바꾸기 위해 의견을 말하는 것이죠. SNS에서 이루어지는 연대는 실제로 사회를 크게 바꾸는 힘이 있습니다.

그래서 어떤 정치인들은 SNS를 들여다보며 사람들이 어떤 활동을 하고, 다른 사람들이 그 활동에 어떤 반응을 보

이는지 파악하기도 해요. 심지어는 전쟁 상황에서 대통령이
직접 SNS를 활용해 다른 나라에 참상을 전달하고 전쟁을 유
리하게 이끌려고 하기도 합니다. 지금까지는 상상도 못 했던
전쟁 전략이 이루어지는 거죠.

그렇다면 SNS에서 다른 사람과 이루는 연대가 정치의
모습을 어떻게 바꿨을까요? 이번 장에서는 SNS와 정치의
관계를 생각해 봅시다.

정치에 이용되는 SNS

● 　　21세기형 대중 운동

민주주의 사회에서 정치 활동을 한다고 할 때 크게 두 가지
방법이 있습니다. 하나는 투표를 통해 선거에 참여하는 것입
니다. 자기 의견을 대신해 줄 정치인에게 투표권을 행사해서
내 생각을 정치에 반영하는 것이죠. 이는 어디까지나 간접적
인 방법입니다. 내가 투표한 정치인이 꼭 기대대로 움직여
준다는 보장도 없죠.

이보다 훨씬 직접적으로 참여하는 방법도 있습니다. 예
를 들면 시위 활동입니다.

온라인

시위 활동이라고 하면 무엇이 생각나나요? 아마 나이에 따라 떠오르는 게 다를 거예요. 저는 까만 헬멧을 쓰고 나무 막대기나 화염병을 든 사람들이 기동대에게 경찰봉으로 얻어맞는 모습이 떠올라요. 제 눈으로 그런 광경을 본 적은 없는데도, 시위 활동이라고 하면 이렇게 폭력적인 장면이 떠오릅니다.

물론 이런 이미지는 이미 시대에 한참 뒤떨어졌습니다. 요즘 젊은 세대가 '시위 활동'이라고 하면 떠올리는 것은 의견을 담은 플래카드를 들고 국회 의사당 앞에 모인다거나 퇴근하는 회사원이나 주부, 학생이 다 같이 대열을 이루고 걸으며 항의하는 목소리를 내는 광경이지 않을까요? 어쩌면 음악을 크게 틀거나 정부를 비판하는 랩을 퍼부으며 그 자리에 있는 사람들과 하나가 되는 문화제 같은 광경을 상상하는 사람도 있겠죠.

이런 활동은 SNS가 존재하기에 가능해요. SNS에 "○일 ○시부터 국회 앞에서 시위할 거예요. 시간이 되는 분은 모두 와 주세요!"라고 올리면, 그 글이 널리 퍼져서 다양한 사람들을 시위 현장에 모을 수 있습니다. 이처럼 SNS를 활용한 시위 활동은 전 세계 곳곳에서 이루어지고 있습니다. 이런 스타일의 시위 활동을 일반적으로 '21세기형 대중 운동'이라고 합니다.

제가 있는 일본에서도 이런 시위가 사회적으로 주목받고 있어요. 전 세계로 시선을 돌리면 실제로 사회에 큰 충격을 주거나, 영향력을 발휘해 정책을 바꾼 경우도 있죠. 대표적인 사례로 2010년부터 2011년에 걸쳐 중동과 북아프리카 지역에서 펼친 민주화 운동 '아랍의 봄'을 들 수 있습니다. 이 운동은 SNS를 통해 정보를 퍼트리고 대중에게 호소한 덕분에 많은 사람들의 힘을 모으는 데 성공했죠. 그래서 '소셜미디어 혁명'이라고 불리기도 합니다. 또 미국 뉴욕에서 있었던 월스트리트 점거 운동(2011년)이나 홍콩에서 학생과 시민이 민주화를 요구하며 일으킨 우산 혁명(2014년)도 21세기형 대중 운동의 사례입니다.

● **정치인도 즐겨 찾는**
SNS

시민들이 시위에 동참할 사람을 모으기 위해 SNS를 사용한다면, 정치인들 또한 SNS를 적극적으로 활용합니다. 트위터를 하다 보면 정치인이 어떤 지역을 찾아가 주민의 이야기를 듣는 모습을 사진이나 영상으로 담은 걸 종종 봅니다. 또 국회나 의회의 활동 보고 등 자신의 활동이나, '나는 이런 문제에 관심을 두고 있습니다.'라고 드러내 보이는 정치인

온라인

의 SNS 게시글을 볼 수 있죠. 특히 선거가 있기 전에 자신이 힘 쏟는 정책이 무엇인지 알리는 데에 SNS를 적극 활용합니다.

또 정치인들은 자신의 목소리를 내는 데 그치지 않고 유권자, 그러니까 투표를 할 사람들이 무엇에 흥미가 있고, 어떤 문제의식을 갖고 있는지 알아내는 도구로도 SNS를 유용하게 활용합니다.

거리에서 연설을 하거나 집회에 참여하는 정치인에게 말을 거는 사람도 있겠지만, 그런 시민은 지극히 일부입니다. 대부분의 경우 정치인은 시민들의 생생한 목소리를 접할 기회가 적기 때문에 세상과 감각을 공유하기가 쉽지 않습니다.

그렇지만 SNS에서는 다릅니다. 사람들이 정치 이야기를 가볍게 나누거든요. 정치인이 내 글을 본다는 의식 없이 "이 정책은 이게 문제야.", "이런 이유로 나는 반대해." 같은 생생한 목소리를 있는 그대로 올립니다. SNS에 올라오는 이런 목소리를 찾아 읽는 정치인이 많을 거예요. 상황에 따라 SNS에서 이루어지는 논의에 정치인이 적극적으로 뛰어들어서 격렬한 논쟁이 벌어지기도 합니다.

저는 이런 일 자체는 바람직하다고 생각합니다. SNS에서 정치적인 논의가 오가는 것은 표현의 자유이자 언론의 자유로 보장되어야 하니까요. 한편 SNS에서 이야기가 나왔다고 해서 무조건 정책에 반영하는 흐름이 꼭 바람직하다고 보진 않습니다. 모든 국민이 SNS를 사용하는 것도 아니고, SNS 사용자 가운데 정치적인 이야기에 적극적인 사람도 일부이니까요. 이러한 배경을 무시하면 SNS 속 목소리가 곧 세상 대다수의 의견이라고 착각하고 크게 오해할 수 있습니다.

SNS가 바꾼 정치의 모습.

· 시민이 시위 동원 등에 이용.

· 정치인이 자기 발언과 여론 수집에 활용.

SNS의 목소리가 곧 다수의 목소리는 아니다.

일상에 정치가 들어오다

앞서 다룬 사례들을 보면 SNS는 사람들의 생활, 즉 사생활과 정치의 거리를 극적으로 바꾸었습니다. 사생활 안에 정치가 들어오기 시작했다거나 정치가 사생활을 포함하기 시작했다고도 표현할 수 있겠죠. 여러분이 느낀 일상 속 불편을 SNS에 올렸는데 그 내용이 고스란히 정치적 논의로 이어질 수도 있습니다.

이제 우리는 SNS 공간에서 생활과 밀접한 이야기를 자유롭게 올리고, 정권을 비판하고, 정책을 요구할 수 있습니다. 정장을 차려입고 토론장에 가지 않아도 정치에 참여할 수 있어요.

　정치와 사생활이 이어지는 현상은 정치인의 모습에서도 볼 수 있어요. 집에서 느긋하게 팬케이크를 먹는 모습을 SNS에 공개하는 국회의원도 있습니다. 정치인이 집에서 뭘 먹든지 전혀 상관없는데, 그렇게 친근함을 연출하는 게 정말 정권이나 정당 지지율에 영향을 주기도 해요. 이를 노리고 정치인이 자신의 사생활을 주변에 흘리기도 합니다.

　우리는 이런 현상을 '사적인 것'과 '공적인 것'의 경계 소실로 이해할 수 있습니다. 경계가 사라진다는 거죠. '사적인 것'이란 '나'에게만 해당하는 것, '나'가 살아가는 구체적인 생활에 뿌리내린 것입니다. 이와 달리 '공적인 것'이란 '나' 이외의 사람들 '모두'에게 해당하는 것, '모두'가 생각해야 하는 것이죠.

　정치와 사생활의 연결이 긍정적으로 작용하는 면도 있습니다. 다만 그 연결로 인해 정치의 양상이 어떻게 변화할지 확인하지도 않고 무작정 긍정할 순 없어요. 좀 더 진지하게 생각해 봐야 합니다.

 SNS는 **사생활**과 **정치**를 연결한다.

⇒ 사적인 중얼거림이 그대로 정치와 연결된다.

SNS가 이루는 연대

●   '나'에서 '우리'로,
       미투 운동

SNS는 사적인 것, 즉 '나'의 구체적인 생활에 뿌리내린 말을 '모두'와 연관된 정치 논의로 연결합니다. 어떻게 이런 일이 가능할까요?

정치의 본질은 '모두'의 문제를 어떻게 생각하는가입니다. SNS에 올라온 사적인 것이 정치 논의로 연결되려면, 어떤 형태로든 사적인 문제에 머물지 않고 '모두'에게 해당하는 문제로 논의할 수 있게끔 하는 과정이 필요하겠죠. SNS는 그런 과정을 어떻게 만들었을까요?

이를 생각해 볼 좋은 실마리가 미투#MeToo 운동입니다. 미투 운동이란, 성적 학대나 성폭력 피해자의 고발에 비슷한 경험을 한 다른 사람들이 SNS에서 뜻을 같이한다고 밝히며 피해자와 연대하고 가해자의 처벌 등 문제 해결에 힘쓰는 운동입니다. 'Me too'라는 영어 표현 그대로 피해자의 말에 "나도요."라고 응답하며 피해자의 곁에 머물고, 연대의 폭을 넓혀 가해자에 맞서는 것입니다.

미투 운동은 2017년, 미국 영화 업계에서 벌어진 성폭력 고발 사건을 계기로 시작되었습니다. 유명 배우가 트위터에서 비슷한 일을 겪은 피해자들에게 'MeToo'라는 문구를 달아 글을 올리자고 호소했고, 이 운동이 전 세계로 퍼지면서 주목을 모았죠. 일본에서도 2017년 기자 이토 시오리 씨가 성폭력 피해를 알려 사회에 큰 반응을 일으킨 적 있어요.

성폭력 피해를 입으면 주변 사람과의 관계 문제, 보복에 대한 두려움, 수치심 같은 각종 압력 때문에 쉽게 자신의 피해를 이야기하지 못하고 고립되는 경우가 많습니다. 피해를 알리고 싶어도 어쩔 수 없이 단념하는 것이죠. 그런 현실에서 SNS에서 퍼진 미투 운동은 피해자의 목소리에 "나도요!"라고 목소리를 보탰습니다. 피해자 한 명뿐 아니라 수많은 다른 당사자가 존재한다는 사실을 세상에 드러내서 개인의 피해를 모두의 문제로 이끌어 내는 힘을 발휘한 것입니다.

SNS에서 이루어진 이 새로운 형태의 연대는 우리와 정치의 관계를 어떻게 바꿔 갈까요? 앞으로 이 문제에 대해 생각할 때 미리 말해 두고 싶은 게 있습니다. 미투 운동이 사회에 큰 힘을 발휘한 것은 지극히 바람직한 현상이라는 점입니다. 지금까지 공적인 자리에서 침묵하도록 강요받고, 목소리를 빼앗긴 사람들이 이 운동으로 인해 처음으로 목소리를 높이고, 이 사회에 뿌리내린 폭력을 밝히는 데 성공했습니다. 절대적으로 긍정되어야 할 일이죠.

이 점을 기억하며 미투 운동이 어떻게 큰 힘을 발휘할 수 있었는지 생각해 봅시다. 먼저 알아볼 것은 연대의 뒷받침이 된 '해시태그'라는 기능입니다.

● 해시태그가 이뤄 낸 새로운 연대

해시태그는 '#' 기호로 표시합니다. 어떤 키워드에 앞에 '#'를 달아 SNS에서 검색하면, 그 단어와 같은 해시태그를 사용한 글을 모아서 볼 수 있죠. 여러분도 아마 SNS에서 이 기능을 써 봤을 거예요. 이 검색법의 장점은, 의도적으로 '#' 기호를 달아서 올린 글만 표시한다는 점입니다. #일상, #카페 같이 가벼운 주제의 해시태그를 붙여 올릴 수도 있지만, 더 발전적으로 쓰는 방법도 있습니다.

2013년 미국에서 있었던 아프리카계 미국인에 대한 폭력과 차별에 반대하는 운동, '블랙 라이브즈 매터 운동'에서는 흑인의 목숨도 소중하다는 뜻의 '#BlackLivesMatter'라는 해시태그를 활용했습니다. 이 해시태그는 단순한 검색 키워드로서가 아니라 '흑인이라고 차별하지 않고, 모든 사람을 존중해야 한다'는 정치적 주장으로서 기능한다는 점이 중요합니다.

해시태그를 이런 식으로 이용하면 그 문제에 관심을 보이고 목소리를 내는 사람들과 연결될 수 있어요. 같은 해시태그를 붙여 글을 올림으로써 주장에 찬성한다는 뜻을 보태고, 목소리를 내는 사람들 무리에 들어갈 수 있죠. 그렇다면 해시태그를 이용해 형성된 연대는 어떤 점이 새로울까요?

가장 큰 차이는 아마도 조직의 유무일 겁니다. SNS 밖에서 사람들이 연대하려면, 어떤 조직이 필요합니다. 문제의식을 공유하는 사람들이 모여서 같이 공부하거나, 논의하거나, 행동을 일으키는 '공동체'를 만들죠. 또 공동체에는 반드시 멤버십이 있습니다. 제가 말하는 멤버십은 '나는 이 조직의 일원이다.', '우리는 모두 같은 멤버다.'와 같은 조직 멤버로서의 정체성이에요.

그런데 해시태그로 형성된 연대에는 기본적으로 이런 멤버십이 없습니다. 물론 SNS에서 교류하며 거리가 가까워진 경우도 있겠죠. 그렇지만 해시태그를 매개로 한 연대 안에 들어갔을 때, 거기에 어떤 사람이 참가하는지, 또 저마다 무슨 말을 하는지 하나하나 살피는 것은 거의 불가능합니다. 해시태그 연대에서 중요한 것은 '어떤 사람이 연대하는가?'가 아니라 '연대하는 사람이 있는가, 그 수는 얼마나 되는가?'로 볼 수 있어요.

멤버십이 있는 조직에서는 다 같이 논의하거나 행동하

온라인

면서 멤버들 사이에 소통한 경험이 쌓여 조직원끼리 쓰는 언어가 정해집니다. 용어 하나하나의 뜻이나 어떤 때에 어떤 말을 사용하는지가 점차 공유되고, 그 조직 안에서만 통하는 말이 생기기도 하죠. 이렇게 조직 안에서 자연스럽게 사용하는 언어, 이른바 '우리의 언어'가 생겨납니다. '나'는 SNS에 주장을 펼칠 때도 이 '우리의 언어'를 사용함으로써 단순한 개인이 아닌 조직의 일원으로서 이야기할 수 있습니다.

반면에 해시태그 연대에는 이런 일이 생기지 않습니다. 해시태그 연대 안에서는 누구와 연대하는지 파악하기 어려워서 '우리의 언어'를 만들어 내기도 쉽지 않습니다. 그러니 '나'는 '우리의 언어'의 지지를 받기 어렵고 어디까지나 개인으로, '나의 언어'로 말할 수밖에 없습니다. 어디까지나 '나'를 주어로 말하지 '우리'라고 말할 수도 없습니다. 우리라고 말하더라도 실제로 공동체를 이루고 있는 멤버로서의 우리가 아니라 유사한 의미로 쓸 수밖에 없죠.

해시태그 연대

· 개인인 '나'로서 한 사적인 말이 해시태그를 통해 그대로 '모두'와 연결된다.

· 발언의 주어는 '나'이지 '우리'라고 하는 것은 (유사한 의미가 아니고서는) 불가능하다.

연결에 힘을 얻기 위해

● 아렌트: 세계는 공적 영역과
사적 영역으로 나뉜다

앞서 'SNS가 이루는 연대'에서 SNS의 해시태그 연대를
고찰해 보았습니다. 다만 아직 그것이 좋다고도 나쁘다고도
판단하지 않았죠. 이 점을 오해하지 말아 주세요. 해시태그
연대가 인류가 만들어 낸 아주 새로운 관계성이라는 것은 분
명합니다. 그렇다면 이 연대는 앞으로 우리 사회를 어떻게
바꿀까요? 또 해시태그 연대가 바람직한 형태로 힘을 발휘
하려면, 우리는 SNS를 어떤 태도로 활용해야 할까요?

이 문제를 생각할 때 유용한 실마리를 제공한 사람이 있
습니다. 20세기에 활약한 독일 태생의 유대계 정치 사상가
한나 아렌트(1906~1975년)입니다.

제2차 세계 대전이 일어났을 때 유대인인 아렌트는 나치
독일의 박해를 받아 미국으로 망명해 오랜 세월 국적을 잃고
살아야 했습니다. 아렌트는 그런 가혹한 상황을 몸소 겪으면
서 정치란 무엇이고, 공공성이란 무엇인지에 대해 절실하게
탐구했어요.

정치란 도대체 무엇일까요? 우선, 사회의 문제가 모두의

온라인

문제라는 인식을 바탕으로 현실에서 행동하고, 무언가를 실현하거나 바꾸는 것이라고 말할 수 있겠어요. 앞서 설명했듯이 우리는 선거나 시위 활동을 통해 정치에 참여합니다. 다만 아렌트는 정치의 본질을 더욱 깊이 파고 내려가 분석했어요.

아렌트는 먼저 인간이 사는 세계를 사적 영역과 공적 영역으로 구별했습니다. 앞서 함께 생각해 본 사적인 것과 공적인 것의 구분과 겹치는데, 아렌트는 두 가지 영역의 차이점을 더욱 자세하게 들여다보며 설명했죠.

먼저 사적 영역은, 우리가 살아가기 위해 생활하는 곳입니다. 예를 들어 집안일이나 쇼핑은 사적 영역에 속하는 행위죠. 노동 또한 사적 영역에 속하는 행위입니다. 우리는 돈을 얻기 위해 노동하는데, 돈을 얻는 것은 살기 위해서니까요. 살기 위해서 하는 모든 행위는 사적인 행위입니다.

사적 영역의 큰 특징은 '필연성' 아래 있다는 것입니다. 여기에서 말하는 필연성은 '하지 않을 수 없는 것' 다시 말해 '하고 싶지 않더라도 하지 않을 수 없는 것'입니다.

살려면 우리는 밥을 먹어야 하고, 밥을 먹으려면 음식을 구해야 하고, 음식을 구하려면 노동해야 합니다. 그때 우리에게 노동은 하거나 말거나 할 수 있는 선택 사항이 아니라 어쩔 수 없이 해야 하는 것이고 강제적으로 주어진 것입니다. 노동을 하는 첫 번째 이유에 '좋아서'는 없으니까요. 필연성에 따라 살기 위해 노동하는 것이죠.

이런 사적 영역에서 우리는 어디까지나 사적인 이해에 뿌리를 두고 행동합니다. 나에게 필요한지, 필요하지 않은지를 가장 우선에 두고 행동한다는 거예요. 이것이 우리를 행동하게 하는 유일한 원리죠.

한편 공적 영역은, 인간이 이런 사적 영역의 필연성을 뛰어넘어 자유롭게 대화할 수 있는 곳입니다. 아렌트가 그 모델로 생각한 것이 바로 고대 그리스의 도시 국가, 폴리스였어요. 폴리스에서는 직접 민주제로 정치를 이끌었기에 사람들이 광장에 모여 나라의 미래를 토론하고 정책을 직접 결정했습니다. 이런 논의의 장에 올 수 있는 사람은 노동에서 해방된 자유로운 시민들(여성이나 노예는 논의의 장에서 배제되었습니다.)이었죠.

시민들은 노동을 노예에게 맡겨서 필연성에서 해방되어 자유롭게 발언할 수 있었습니다. 이때 '자유'는 사적 이해에서 해방되는 것으로 바꿔 말할 수 있습니다. 내일을 걱정하지 않고 하고 싶은 말을 할 수 있는지가 자유로운 시민의 증거였습니다. 아렌트는 그런 시민이야말로 자신만을 위한 이해에 시선을 빼앗기는 일 없이 모두의 이해, 혹은 모두의 바람직한 모습을 이야기할 수 있다고 봤습니다.

온라인

◖ 새로운 일을
시작하는 '활동'

쉽게 말하면 이런 얘기예요. 자기 생활에 얽매인 이상, 사람은 자유롭지 못하다는 거죠. 누군가와 의견을 나누더라도, 자기 생활이 신경 쓰이면 이를 벗어나 생각하기 힘들 거예요. 그런 사람끼리 만나면 논의가 평행선을 그릴 테죠. '저 사람 일이 나랑 무슨 상관이야?'라고 생각하며 대화 자체를 닫아 버릴 수도 있고요.

그러니 다른 사람과 진정한 논의를 하려면 자기 생활에 얽매이지 않아야 해요. 나에게 이익이 될지를 따지는 게 아니라 모두에게 바람직한지 생각할 수 있어야 하니까요. 아렌트는 이때서야 우리가 진정한 의미에서 자유를 얻고, 논의의 장에 들어갈 수 있다고 본 거예요. 그리고 그러한 논의야말로 '공공성'을 이룬다고 생각했어요.

정치는 말로만 이뤄지지 않습니다. 정치란 현실에서 행동하고 뭔가를 바꾸는 운동이니까요. 그렇기에 논의하는 것도 중요하지만, 다른 사람과 연대하고 함께 활동해야 하죠.

아렌트는 이런 의미에서 정치적인 '활동'은 새로운 일을 시작하는 행위라고 말했습니다. 지금까지 아무도 예상하지 못했던 일, 누구도 하지 않았던 일을 시작하는 것이 아렌트가 말하는 '활동'이에요.

　그렇다면 우리는 어떻게 이런 활동을 할 수 있을까요? 우리는 정말 새로운 활동으로 사회에 새로운 바람을 불게 할 수 있는 존재일까요? 아렌트는 이 질문에 다음과 같이 답했습니다. "이 세계에는 단 한 명도 같은 사람이 존재하지 않고, 저마다 다른 존재입니다. 그러므로 우리 한 사람은 저마다 이 세계에 새로운 시작을 불러오는 존재입니다." 아렌트는 이러한 인간 본질을 '복수성'이라고 불렀습니다.

● 　용서와 약속의 힘

이 세상에 여러분과 같은 사람은 단 한 명도 없습니다. 그러니 우리 한 사람 한 사람은 새로운 존재입니다. 이 말을 달리 표현하면 '인간은 누구나 전례 없는 존재'라고 할 수 있어요. 전에 없던 존재이기 때문에 우리는 모두 예측 불가능한 존재입니다.

　이처럼 사람은 예측할 수 없는 존재이기에 안정적으로 '활동'하는 데 어려움을 겪습니다. 여러분이 다른 사람과 연대하고 활동하려고 해도, 그 사람이 예상 밖의 일을 하거나 기대를 배신하는 행동을 할지 모르니까요. 그런데도 이 예측 불가능성이야말로 새로운 활동을 시작하는 원동력이 됩니다.

무슨 소리냐고요? 아렌트의 이야기를 좀 더 들어 봅시다.

우리가 본질적으로 예측 불가능한 존재라고 이해하면서도 다른 사람과 함께 활동하려면 무엇이 필요할까요? 아렌트는 두 가지를 말했습니다.

하나는 '용서'입니다. 예측할 수 없는 존재가 하는 '활동'은 그 결과를 예측할 수 없죠. 어떤 결말을 맞이할지 아무도 모릅니다. 그러니 우리는 다른 사람과 연대해서 했던 활동이 어떤 결말로 끝나더라도 그 동료를 용서해야 합니다.

만약 활동의 끝에 언제나 무거운 책임을 져야 한다면 누구라도 쉽사리 활동을 시작할 수 없겠죠. 그러면 이 세상을 바꿀 기회를 얻기도 어렵습니다. 물론 책임을 지는 것도 중요하지만, 바라지 않았던 결말을 어느 정도 용서하는 관용도 동시에 필요하죠. 그러지 않으면 누구도 활동할 수 없을 테니까요.

다른 하나는 '약속'입니다. 예측 불가능한 존재인 우리는 다른 사람과 함께하면서도 앞으로 무슨 일이 벌어질지, 어떤 변화가 생길지 완전히 알 수 없어요. 그렇기에 내가 하려는 활동을 다른 사람에게 약속하는 것이 중요합니다.

물론 모두가 그 약속을 완벽하게 따른다는 보장은 없어요. 다만 아무런 약속도 없다면 우리가 하는 활동은 결코 안정되지 못하고 어지러워질 거예요. 활동이 목적을 달성하려면 우리는 불확실한 미래에 관해 서로 약속을 주고받아야 합니다.

다시 SNS 이야기로 돌아와 볼까요? SNS를 활용해서 이루어지는 정치적 활동은 아렌트가 말하는 '사적 영역'과 '공적 영역'의 구별을 없애는 것이라고 볼 수 있어요. 물론 한 사람 한 사람의 사적인 생활도 중요해요. 그럼에도 우리가 딛고 있는 사적 영역으로부터 거리를 두고, 자유로운 상태로 모두의 문제를 말할 때 진정한 의미의 정치에 참여할 수 있어요.

어쩌면 해시태그가 사적 영역과 공적 영역의 딜레마를 해결해 줄지도 모릅니다. 해시태그를 쓰면 사적 영역에 뿌리내린 '나'의 사적 언어가 그대로 '모두'의 문제를 말하는 언어가 됩니다. 또 이를 토대로 하는 해시태그 연대가 실제로 사회를 효과적으로 바꾸죠.

다만 이 과정에는 한 사람 한 사람이 마주하거나 대화하거나 서로를 알아 가는 과정은 없습니다. 직접 얼굴을 맞대고 활동하는 현실의 공동체에서 느낄 수 있는 멤버십도 없지요. 이쯤에서 중요한 지점을 짚어 볼 수 있습니다.

SNS에서 이루어지는 정치 활동이 사회에 바람직한 형태로 사회에 작용하려면 해시태그를 달아 글을 올리는 게 끝이 아니라는 거예요. 해시태그 너머에 유일무이한 개인이 있

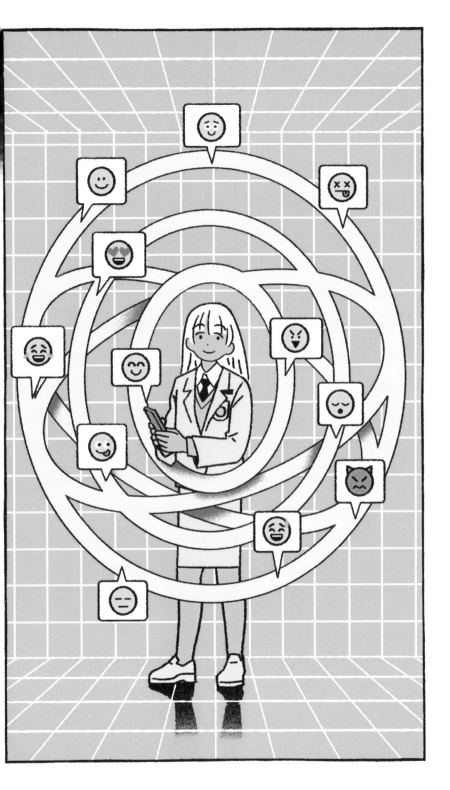

다는 걸 깨닫고, 현실의 공동체와 형태는 다를지라도 SNS 공동체에서만 가능한 멤버십을 만들어 가려는 노력이 필요합니다.

아렌트가 말했던 용서와 약속의 힘이 SNS 연대에도 중요한 역할을 맡지 않을까요?

본래의 정치는 곧 개인의 자유로운 '활동'
'활동'에 필요한 두 가지
① 용서 : 무슨 일이 생겨도 동료를 용서한다.
② 약속 : 자기 활동을 동료와 약속한다.
#해시태그 너머에는 유일무이한 개인이 있다!

온라인

마무리하며

SNS를 실마리로 오프라인과 온라인 사이를 오가며 우리 자신을 철학적으로 들여다본 여정도 드디어 끝에 다다랐습니다. 마지막으로 여러분에게 전하고 싶은 말이 있어요.

'들어가며'에서 여러분에게 생각하고 싶은 마음을 소중히 여겨 달라고 말했던 걸 기억하나요? 이 말을 했던 건 여러분이 생각해야만 한다는 부담에서 벗어나 자유롭길 바라는 마음에서였어요. 우리 주변에는 '생각해야만 하는 일'이 참 많아요. 모든 일이 다 생각할 거리라고 해도 과언이 아니죠. 공부, 진로, 인간관계…… 사방에서 온갖 것을 생각하라고 강요하죠. 여러분도 "앞으로는 스스로 생각하는 힘이 더 중요해!" 같은 말을 들어 본 적 없나요?

세상에 나와 있는 철학책들에도 비슷한 말들이 많습니

다. "현대 사회의 위기를 극복하려면 철학적으로 사고해야한다." 같은 말이요. 지금까지 비밀로 하고 있었는데(혹시 이미 들켰을까요?) 저는 워낙 비뚤어진 인간이라 그런 말을 볼 때마다 '으악!' 하고 반응하고 맙니다.

물론 이 세상이 '생각해야만 하는 일'로 가득한 건 어쩔 수 없어요. 우리 앞에 놓인 문제도 너무 많죠. 그래도 생각해야만 하는 일을 생각하는 건 지루한 작업이 아닐 수 없어요. 강요를 받아서 억지로 생각하는 거니까요.

무언가를 생각해야만 할 때, 우리에게는 그 문제를 생각하지 않을 자유가 없습니다. '대체 왜 생각해야 한다는 건데요?'라는 의문을 품을 여지조차 없죠. 그러나 그것이 정말 내가 하는 생각일까요? 누군가 해야 한다고 해서 하는 생각이 과연 나 자신이 한 거라고 할 수 있을까요? 아쉽지만 저는 그렇지 않다고 봅니다.

철학은 어디까지나 '생각하고 싶다'는 마음에서 우러나와야 합니다. 저는 누구나 그런 욕구를 마음에 품고 있다고 생각해요. 우리 안에는 직접 생각하고자 하는 의지가 담겨 있다고요.

물론 우리가 생각하고 싶은 것이 꼭 생각할 필요가 있는 일은 아닐 겁니다. 철학 따위 안 해도 일상생활을 할 수 있으니까요. 철학이 도움 될 때도 있겠지만, 대부분은 그렇지 않을 겁니다. 그렇다고 철학적으로 생각하는 일이 가치가 없을까요?

저는 철학의 가치를 생각할 때 종종 유리구슬이 떠오릅니다. 어렸을 때 유리구슬을 구경하는 걸 좋아했어요. 유리구슬은 그냥 가만히 있을 뿐이니까 재미랄 게 없죠. 그런데 구슬 안쪽을 주의 깊게 들여다보면 믿을 수 없이 깊은 세계가 펼쳐집니다. 색이 복잡하게 뒤섞이고, 너비와 깊이가 어우러져서 다른 우주가 펼쳐진 듯한 모습이죠. 빛을 비추면 이 작은 우주의 표정이 전혀 달라집니다. 전깃불에 비추느냐 아침 햇빛에 비추느냐 저녁 햇빛에 비추느냐에 따라 그 속에 나타나는 광경이 전혀 달라져요. 보는 각도를 조금만 바꿔도 유리구슬의 세계는 변합니다.

우리 인생 또한 유리구슬 같지 않을까요? 겉으로 보기에는 비슷비슷합니다. 별로 감동적이지도 않죠. 유리구슬이 그렇듯 데굴데굴 굴러갈 뿐입니다. 그런데 안을 들여다보면, 그 어떤 말로도 표현할 수 없는 복잡하고 광대한 세계가 펼쳐집니다. 빛과 색이 수없이 겹치고 포개지는 작은 우주가요.

어쩌면 철학은 우리 한 사람 한 사람의 내면에 펼쳐진 작은 우주를 들여다보는 일일지 모릅니다.

이 책에는 다섯 명의 철학자가 등장합니다. 빗대자면 다섯 종류의 다른 빛이죠. 우리는 그 빛의 힘을 빌려 보는 각도를 조금씩 바꿔 가면서 익숙했던 '나'라는 존재 안에 자리한 멋진 풍경을 엿볼 수 있었어요. 대수롭지 않게 여겼던 일상에서 새롭게 두근거리는 감각을 느꼈을지도요.

그렇다고 영영 철학적 사고에 잠겨 있을 수는 없지요. 우리의 일상은 굴러가야 하니 평소처럼 생각해야만 하는 일들을 돌봐야 합니다. 그렇게 바쁜 하루하루를 보내다 보면 머지 않아 '생각하고 싶다'는 마음을 품었던 일 자체를 잊을지도 몰라요. 굴러가는 유리구슬처럼 떠밀리면서요. 그럴 때 다시 이 책을 책장에서 꺼내 펼쳐 보세요. 다시 '생각하고 싶은' 마음을 되찾으세요. 여러분의 세계에 다시 철학이라는 빛을 쬐어 주세요. 철학이 틀림없이 여러분 내면에 펼쳐진 작은 우주를, 그 안에 펼쳐진 특별한 색채를 떠올리게 해 줄 테니까요.

자, 이 책은 이렇게 마무리하겠습니다. 여러분의 인생 여정은 아직 끝나지 않았죠. 여러분 앞에는 끝없는 미래가 기다립니다. 이 책이 여러분이 걸어갈 길 없는 길에 빛을 비추는 자그마한 등불이 되기를 간절히 바랍니다.

건강하세요. 그럼 안녕히!

각 장에서 다룬 주제를 더 깊게 생각해 보거나, 등장한 철학자들을 알아볼 수 있는 작품들을 소개합니다. 온라인과 오프라인 사이를 더 탐구해 보고 싶을 때 참고해 주세요.

《정신현상학》
게오르크 빌헬름 프리드리히 헤겔

1장에서 대활약한 철학자 헤겔이 남긴 대표 저서입니다. 다만 '3대 난해한 철학서'로 꼽힐 정도로 어렵다고 유명하죠. 그러니 갑자기 읽으려고 하면 '이게 대체 무슨 소리야?' 싶을 겁니다. 이 책을 직접 읽는 건 어렵겠다고 생각이 들면, 청소년을 위해 출간된 책들을 보는 걸 추천합니다.

《친구 지옥》
도이 다카요시

인터넷의 등장으로 청년층의 의사소통 방식이 크게 달라졌어요. 그중 하나가 또래 압력이 심해졌다는 것인데, 저자는 이때 '인정'이 중요한 역할을 담당한다고 주장합니다. 이 책은 사회학 관점에서 청년층의 인간관계를 고찰했습니다. SNS가 등장하기 조금 전 시대를 다루는데, 지금의 환경이 어떻게 형성되었는지 알 수 있어요.

《존재와 시간》
마르틴 하이데거

2장에서 등장한 하이데거의 책입니다. 앞서 소개한 《정신 현상학》과 마찬가지로 3대 난해한 철학서 중 하나로 꼽힙니다. '존재란 무엇인가'라는 아주 거대한 질문으로 시작해서 인간이 살아가는 시간을 말합니다. 이 책 역시 처음부터 읽기는 어려울 거예요. 좀 더 쉽게 풀어 쓴 책들을 먼저 살피기를 추천합니다.

《모모》
미하엘 엔데

철학을 생각할 때 어린이 책은 아주 좋은 재료예요. 현실 사회에서 좀처럼 질문하지 않는 본질적인 문제를 따지는 책이 많거든요. 《모모》도 그런 방면에서 아주 뛰어난 작품입니다. 이 작품은 시간이란 무엇인지 묻습니다. 작가 엔데가 그린 환상적이고 수수께끼 가득한 세계의 풍경은 우리가 매일 당연하게 살아가는 일상의 '시간'을 바라보게 해 줍니다. 아동 문학이라고 쉽게 보면 금물입니다. 진심으로 읽어 보면 메시지가 참 깊거든요. 본문에서 함께 생각한 철학적 문제를 염두에 두고 읽으면 이야기도 훨씬 즐거워질 겁니다.

《논리 철학 논고》
루트비히 요제프 요한 비트겐슈타인

3장에서는 비트겐슈타인의 철학을 살펴봤습니다. 이 책은 비트겐슈타인이 살아서 펴낸 유일한 책으로, 그의 언어 철학의 핵심이 담긴 책입니다. 이 책의 마지막에 나오는 '말할 수 없는 것에 관해서는 침묵해야 한다'는 문장은 비트겐슈타인의 철학 전체를 대표하는 명언으로 유명해요. 일반적인 철학책과 달리 짧은 명제들이 모여 내용을 이루는 것도 큰 특징입니다.

《시간과 자유의지》
앙리 베르그송

4장에 등장한 베르그송의 대표작 중 하나입니다. '우리 눈앞에서 일어나는 일이 우연인가 필연인가?'라는 질문은 생각하기 시작하면 어마어마하게 크고 묵직한 문제로 발전합니다. 그런 장대한 철학은 보통 추상적이고 무미건조한 논의가 되기 쉽죠. 그런데 베르그송은 어디까지나 우리가 살아 있는 현실의 일상을 바탕에 두고 사고를 진행합니다. 이 책도 쉬운 내용은 아니지만 읽다 보면 '아, 이런 뜻이구나!' 하고 불현듯 깨닫게 되기도 해요. 신비로운 책입니다.

〈포레스트 검프〉
로버트 저메키스

톰 행크스가 주연을 맡은 이 유명한 영화는 주인공 포레스트 검프가 다양한 사람과 우연히 만나고 다양한 사건을 겪는 인생을 그렸습니다. 영화에 등장하는 유명한 대사 "인생은 초콜릿 상자 같아. 어떤 것이 나올지 모르거든."에서 예측할 수 없는 사건의 연속을 긍정하는 메시지를 읽을 수 있죠. 현대 사회에서 포레스트 검프처럼 우연한 만남을 경험할 기회는 적겠죠. 그래도 다음 순간에 무슨 일이 벌어질지 모르는 것이 인생입니다. 영화를 통해 우리 인생의 우연성이 어떤 의미를 지니는지 새롭게 생각해 볼 수 있습니다.

《인간의 조건》
한나 아렌트

5장에서 살펴본 아렌트의 주요 저서로 꼽힙니다. 아렌트는 이 책에서 인간의 활동에 어떤 종류가 있고 역사 속에서 제각각 어떤 평가를 받아 왔는지 폭넓은 시야로 고찰합니다. 아렌트에게 가장 중요한 것은 정치적 활동이죠. 다만 아렌트는 그 활동의 모습이 고대 그리스 시대와는 전혀 다르다고 지적합니다. 우리에게 바람직한 정치란 무엇인지, 공공성이란 어때야 하는지 생각할 때 꼭 읽어야 하는 책입니다. 아렌트의 질문과 사상은 오늘을 사는 우리에게도 의미가 있거든요.

추천하는 활동

철학 대화

철학에서 가장 중요한 것은 '스스로 생각하기'입니다. 책을 읽는 것도 중요한데, 읽기만 해서는 철학을 하는 것이 아니에요. 스스로 생각하는 일을 꼭 혼자서 할 필요는 없어요. 다른 사람과 '함께 생각하기'를 할 수 있으니까요.

최근 들어 '철학 대화'라는 활동이 주목받고 있습니다. 모임에 참여하는 사람들이 한자리에 모여 공통 주제를 놓고 자유롭게 이야기하는 대화형 워크숍이죠. 동네 카페에서 할 수도 있고 학교 수업으로 하기도 해요. 저 역시 다양한 곳에서 철학 대화를 개최하는 사람 중 한 명입니다.

가족이나 친구와 철학적인 주제로 대화하는 것도 즐겁지만, 처음 만난 사람과 "자유란 무엇일까?", "사랑이란 무엇일까?" 같은 질문을 놓고 의견을 교환하는 것도 매우 특별하고 재미있는 경험이죠. 여러분 근처에서 철학 대화가 열린다면 꼭 한번 참여해 보세요.

온라인과 오프라인
사이에서 철학하다

초판 1쇄 인쇄 2024년 5월 30일
초판 1쇄 발행 2024년 6월 12일

글쓴이 도야 히로시   **그린이** 불키드   **옮긴이** 이소담
펴낸이 최순영

교양 학습 팀장 김솔미   **편집** 연혜진
키즈 디자인 팀장 이수현   **디자인** 박연미

펴낸곳 ㈜위즈덤하우스   **출판등록** 2000년 5월 23일 제13-1071호
주소 서울특별시 마포구 양화로 19 합정오피스빌딩 17층
전화 02) 2179-5600   **홈페이지** www.wisdomhouse.co.kr

ISBN 979-11-7171-214-4 44100